Minimalisme

Conseils et Stratégies pour Éliminer le Stress, Libérer L'esprit et Créer la Joie et le Bonheur

Liv Lindgren

Introduction

De nos jours, nous passons notre temps entourés de biens et nous sommes bombardés de marketing et de publicité pour en acheter encore plus. Mais la vérité est qu'acheter plus de choses ne vous apporte ni joie ni bonheur.

Au contraire, des études montrent qu'accumuler plus de biens entraîne le stress, la confusion mentale est due au fait de passer son temps en désordre à cause des choses dont on n'a pas besoin. Heureusement, il existe un moyen de redécouvrir les valeurs de votre vie, ce qui est vraiment important et ce qui vous fait vraiment vous sentir bien : le minimalisme.

Vous avez probablement entendu ce mot, mais il existe de nombreux mythes et idées fausses sur ce qu'il signifie. Le minimalisme ne consiste pas simplement à mettre ses affaires hors de vue ou à ranger ses biens de manière ordonnée, ni à vendre son ordinateur portable et à vivre dans un tipi. Il s'agit d'aborder le matérialisme par le désencombrement, de réfléchir aux choses dont vous avez réellement besoin et que vous utilisez, ainsi que d'utiliser des techniques telles que la pleine conscience et la pensée positive pour changer les comportements inutiles et échapper aux relations toxiques.

Des millions de personnes ont déjà découvert que le minimalisme a changé leur vie pour le mieux. Êtes-vous prêt à être en meilleure santé, plus heureux, plus riche et plus performant dans tout ce que vous faites ? Alors il est temps de découvrir ce que le minimalisme peut faire pour vous !

VOTRE CADEAU GRATUIT

Nous aimerions vous offrir un cadeau pour vous remercier d'avoir acheté ce livre. Vous pouvez choisir parmi tous nos autres titres publiés.

Vous pouvez obtenir un accès immédiat à l'un de nos livres en cliquant sur le lien ci-dessous et en vous inscrivant à notre liste de diffusion :

https://campsite.bio/housepresspublishing

JOHN BOYNE
THE TERRIBLE THING THAT HAPPENED TO BARNABY BROCKET
MEMOIRS OF A GEISHA

Contenu

Chapitre 1 : Commencez votre recherche de l'excellence en faisant votre lit

Beaucoup de gens veulent désencombrer leur vie mais ne savent pas par où commencer. Voici une suggestion : que diriez-vous de commencer par la façon dont vous faites votre lit le matin ? Cela peut sembler un peu ridicule au début, mais quand on y réfléchit, cela a beaucoup de sens.

La plupart des organisations militaires commencent à former les soldats non pas en leur montrant comment se battre, mais en leur apprenant à apporter l'excellence et l'indépendance dans tout ce qu'ils font, y compris faire leur lit. Si vous regardez les dortoirs de n'importe quelle caserne militaire, vous verrez des rangées de lits immaculés. Est-ce que cela a de l'importance ? En 2014, l'amiral H. McRaven, neuvième commandant du commandement des opérations spéciales des États-Unis, a prononcé un discours à l'université du Texas. Le titre de ce discours était *"Dix leçons de vie de l'entraînement des Navy SEAL"*. "La première leçon du discours était : *"Si vous voulez changer le monde, commencez par faire votre lit."*

L'amiral McRaven a expliqué que commencer sa matinée en faisant quelque chose de bien donne un sentiment d'accomplissement et donne de l'élan pour le reste de la journée. Cela exprime également votre fierté et votre respect de soi à travers votre environnement immédiat. Après tout, si vous ne vous donnez pas la peine de faire votre lit correctement, ferez-vous autre chose au mieux de vos capacités ? Comme l'a dit McRaven, *"Si vous ne pouvez pas faire les petites choses correctement, vous ne ferez jamais les grandes choses correctement"*.

Si vous entriez dans une caserne militaire et que vous voyiez des rangées de lits non faits et des biens éparpillés, que diriez-vous de l'unité impliquée ? Auriez-vous confiance en leur discipline, leur fierté et leur capacité à exécuter efficacement les ordres ? Ou auriez-vous le sentiment que ces personnes ne s'en soucient pas et ne sont pas intéressées à faire de leur mieux ? La même chose s'applique à votre chambre et à votre maison - cela reflète votre état d'esprit et votre application à l'excellence. Le désordre, la vaisselle non lavée et les lits non faits n'attestent pas d'un désir d'excellence.

Il est utile de s'arrêter un instant pour parler de ce que nous entendons ici par excellence et en particulier de la manière dont elle diffère de la perfection. La perfection est une notion d'état idéal, quelque chose qui est rarement réalisable dans la réalité. L'excellence consiste à faire de son mieux. La perfection n'est presque jamais réalisable. L'excellence est une chose que vous pouvez et devez poursuivre dans tout ce que vous faites.

Pourquoi ne pas commencer votre quête de l'excellence en faisant votre lit dès que vous le quittez ? Ce sera la première chose que vous ferez le matin et cela donnera le ton pour le reste de la journée. Faire son lit tous les matins ne changera pas votre vie, mais c'est une première étape essentielle pour atteindre un état d'esprit où vous essayez de faire de votre mieux en tout. À l'inverse, si vous ne faites pas votre lit, si vous ne vous donnez pas la peine parce que, après tout, vous n'y reviendrez que plus tard, vous vous installez dans un état d'esprit où vous ne donnerez pas le meilleur de vous-même pour le reste de la journée.

Essayez de faire de l'excellence une habitude, mais rappelez-vous que les habitudes prennent du temps à s'établir. Les recherches suggèrent que vous devez faire quelque chose régulièrement pendant trente à quatre-vingt-dix jours avant que cela ne devienne une habitude. Au début, faire son lit demande de la réflexion et des efforts mais, après un certain temps, cela devient une habitude, quelque chose que l'on fait sans y penser consciemment. Cela s'applique à toute activité, et pas seulement à faire son lit, et vous devez être prêt à faire des efforts et à consacrer du temps pour intégrer de nouveaux comportements positifs dans vos habitudes. Combien de personnes connaissez-vous qui ont commencé à faire de l'exercice ou à manger sainement pour ensuite abandonner et revenir à leurs anciennes habitudes après quelques semaines ? Si vous faites quelque chose pendant un mois et que vous arrêtez ensuite, vous reviendrez à vos anciennes habitudes. Si vous continuez à faire quelque chose jusqu'à ce que cela devienne une habitude, cela fera partie de votre vie quotidienne.

Chapitre 2 : Qu'est-ce que le désencombrement ?

Le désencombrement est un élément fondamental du minimalisme mais, avant de parler de ce que cela signifie et de la manière de le faire, nous devons expliquer ce que ce n'est pas. Le désencombrement ne signifie pas que vous devez ranger soigneusement vos innombrables biens dans des rangées bien ordonnées ou les mettre dans des boîtes ou des placards, ni même organiser ou classer des papiers et autres objets. Faire ces choses ne fait que mettre toutes ces choses hors de vue et les rend un peu plus faciles à trouver. Désencombrer signifie réfléchir soigneusement à ce dont vous avez vraiment besoin et à ce que vous utilisez et retirer tout le reste de votre maison et de votre vie.

Le désencombrement donne des résultats instantanés, non seulement en libérant de l'espace, mais aussi en vous faisant vous sentir mentalement plus concentré et moins dépendant de vos possessions. Ce n'est pas facile. Cela signifie que vous devez prendre des décisions sur ce dont vous avez besoin et vous débarrasser de tout le reste. Cela peut être difficile et c'est pourquoi le simple fait de ranger les choses et de les mettre hors de vue peut sembler beaucoup plus facile - vous n'avez pas à prendre ces décisions difficiles lorsque vous rangez. Mais le désencombrement peut changer votre vie d'une manière que la simple organisation de vos biens ne peut pas changer. De nombreuses personnes déclarent avoir l'impression d'avoir un poids en moins sur les épaules lorsqu'elles désencombrent leur maison. Vous pouvez ressentir la même chose.

Cela peut sembler une tâche écrasante, alors allez-y pas à pas. Choisissez, par exemple, un tiroir dans votre maison ou votre bureau. Fouillez-le et débarrassez-vous de tout ce que vous n'utilisez pas. Qu'est-ce que cela vous fait ? Imaginez simplement ce que ce sera si vous pouvez progressivement appliquer la même technique à tout votre environnement ?

Vous n'avez pas besoin d'une plus grande maison

De nombreuses personnes emménagent dans une nouvelle maison ou un nouvel appartement parce qu'elles estiment que leur logement actuel est trop petit. Cependant, dans de nombreux cas, le problème n'est pas un manque d'espace, mais le fait que l'espace existant est rempli de choses, dont la plupart sont rarement ou jamais utilisées. Si vous déménagez dans un endroit plus grand pour ces raisons et que vous emportez toutes ces choses avec vous, il ne faudra probablement pas longtemps avant que votre nouveau logement commence lui aussi à vous sembler trop petit !

Il est bien plus efficace de désencombrer et d'enlever de votre maison toutes les choses que vous n'utilisez pas. Si vous faites cela, vous pourrez soudain utiliser pleinement les espaces qui étaient auparavant consacrés au stockage et vous constaterez peut-être que votre maison actuelle a plus

d'espace que vous ne le pensiez. Le désencombrement peut changer complètement votre perception de l'espace dans lequel vous vivez et vous faire réaliser que vous n'avez pas vraiment besoin d'un logement plus grand.

Pourquoi avons-nous tant de choses ?

Nous sommes tous familiers avec l'alimentation de confort : lorsque nous nous sentons malheureux ou en insécurité, nous mangeons des aliments qui ont bon goût bien qu'ils ne soient souvent pas très sains. Momentanément, manger de la glace, des biscuits ou des hamburgers nous fait sentir mieux, mais bientôt nous nous sentons gonflés et, si nous continuons à manger ces aliments de réconfort, nous allons bientôt prendre du poids, ce qui va nous faire sentir encore plus mal. Les aliments de réconfort peuvent sembler attrayants, mais tout ce qu'ils peuvent faire, c'est soulager nos problèmes à court terme, probablement au détriment des problèmes à plus long terme.

Les gens ne se tournent pas seulement vers la nourriture pour se réconforter. Nous achetons aussi des choses quand nous nous sentons déprimés, pour nous donner ce coup de pouce de bonheur à court terme. Mais tout comme les calories, ces articles s'accumulent pour nous faire sentir encore plus mal avec le temps. Nous finissons par avoir une maison pleine de tout, des vêtements et chaussures que nous ne portons jamais aux appareils et gadgets que nous n'utilisons jamais. Tout cela prend du temps et de l'espace à ranger et à nettoyer et bientôt, on ne trouve plus les choses qu'on utilise parmi celles qu'on n'utilise jamais.

On commence à manquer d'espace, mais on ne peut pas se résoudre à se débarrasser de tous ces trucs inutiles parce qu'un jour on en aura peut-être besoin et on ne peut pas oublier qu'en les achetant on se sent bien. Arrêtez ! Il y a quelque chose de plus précieux que toutes ces choses - l'espace. Si vous fouillez vos biens, vous constaterez probablement que vous n'en utilisez qu'un sur dix. Si vous vous débarrassez de tout le reste, vous découvrirez soudain que vous avez beaucoup d'espace supplémentaire. Vous découvrirez peut-être que vous aimez cet espace autant que vous aimiez autrefois les choses dont vous vous êtes débarrassé.

Qu'est-ce qui nous pousse à acheter des choses dont nous n'avons pas besoin ?

Autrefois, avant la révolution industrielle, la valeur des choses dépendait en grande partie de leur durabilité. Les articles étaient relativement chers et on s'attendait à ce qu'ils durent. Puis, au cours du XIXe siècle, les choses ont commencé à changer. De nombreux articles sont devenus produits en masse et relativement moins chers. Pour la première fois, les gens ordinaires ont commencé à accumuler des choses qu'ils n'utilisaient pas tout le temps. Cependant, la plupart des articles étaient encore assez durables et ils duraient très longtemps.

Cette situation a persisté pratiquement jusqu'à la seconde moitié du XXe siècle. Jusqu'alors, les fabricants d'objets comme les automobiles ou de gros appareils comme les machines à laver ou les téléviseurs les fabriquaient avec la meilleure qualité possible. Une voiture achetée en 1950 pouvait encore être parfaitement utilisable vingt ans plus tard. Mais les grandes entreprises avaient besoin que les consommateurs achètent des choses avant que les vieux articles ne s'usent, et c'est alors que la publicité a vraiment commencé à devenir une science.

Au lieu d'être vendus pour ce qu'ils faisaient, les articles ont commencé à être annoncés comme des biens incorporels, comme la façon dont ils vous faisaient sentir et, peut-être plus important encore, la façon dont ils étaient censés faire sentir les autres à votre égard. Le résultat est que vous n'avez pas acheté une nouvelle voiture parce que l'ancienne était usée, mais parce que la nouvelle vous rendait bon et impressionnait vos amis, collègues et voisins.

La publicité a commencé à utiliser les neurosciences pour nous faire sentir vulnérables, que nous manquions de quelque chose. Un produit particulier était alors annoncé comme répondant à ce besoin créé artificiellement. Cela était associé à l'idée que les possessions pouvaient d'une certaine manière améliorer votre vie : si vous aviez seulement une nouvelle voiture (ou un costume ou une paire de chaussures ou autre), les gens vous respecteraient davantage, les membres du sexe opposé vous trouveraient plus attirants et vous seriez plus heureux. Un faux lien a été établi entre les possessions et un contentement qui n'a jamais été perdu.

Aujourd'hui, nous sommes constamment bombardés de messages qui nous disent que la dernière voiture, le dernier téléphone ou les dernières chaussures de course nous rendront heureux. Mais bien sûr, ce n'est pas le cas, en partie parce qu'une fois que nous avons la dernière nouveauté, elle est bientôt remplacée par quelque chose d'encore plus désirable. Nous sommes constamment dans un état de nostalgie de la dernière chose la plus importante et cela signifie que nous nous retrouvons avec beaucoup d'articles parfaitement utilisables que nous n'utilisons plus parce que nous les avons remplacés par quelque chose que nous percevons comme plus désirable.

Si vous voulez vraiment vivre une vie minimaliste, vous devez apprendre à ignorer les incitations publicitaires. Vous devez apprendre à reconnaître que posséder plus de choses ne vous rendra pas nécessairement heureux, attirant ou respecté : c'est simplement un message créé par les grandes entreprises afin de maintenir leurs profits. Vous devez comprendre que le bonheur n'est pas quelque chose que vous pouvez acheter ; il vient du fait de vivre une vie en accord avec vos propres valeurs intérieures. Le minimalisme consiste à le reconnaître, mais il vous profite aussi directement. Dépenser de grosses sommes d'argent pour acheter les dernières nouveautés profite aux entreprises qui les vendent, mais cela vous conduit à vous endetter ou du moins à dépenser votre argent pour des choses dont vous n'avez pas vraiment besoin. Le minimalisme ne signifie pas que vous ne pouvez posséder qu'un certain nombre de biens ou que vous devez vendre ou donner tout ce que vous possédez actuellement. Cela signifie simplement que vous devez apprendre à vous concentrer sur ce dont vous avez réellement besoin, et non sur ce que d'autres personnes vous disent que vous avez besoin.

D'où vient tout cela ?

Dans le monde développé, il est généralement reconnu que nous avons tous beaucoup trop de choses. C'est en partie dû au fait que nous avons succombé au battage publicitaire. Nous achetons un nouveau téléphone, parce qu'il est cool et même si notre téléphone actuel fonctionne très bien.

Nous aimons le nouveau téléphone, mais nous ne pouvons pas nous résoudre à nous débarrasser de l'ancien. Au lieu de le vendre, de le donner ou de s'en débarrasser, nous le stockons. Nous l'appliquons à tous nos biens et nous nous retrouvons bientôt à acheter de nouvelles boîtes de rangement pour des choses que nous n'utiliserons plus jamais mais dont nous ne pouvons pas nous séparer. Pourquoi ?

La raison la plus courante est *"juste au cas où..."* Nous pensons que nous pourrions avoir besoin de quelque chose à l'avenir, alors nous décidons de le garder. Peut-être gardez-vous votre ancien téléphone au cas où vous ne pourriez pas utiliser le nouveau. Vous découvrez alors que vous avez un tiroir entier rempli de vieux téléphones, de chargeurs et d'accessoires associés. Demandez-vous : avez-vous déjà eu à utiliser un de ces vieux téléphones ? Alors, pourquoi gardez-vous tout cela ?

Parfois, nous aimons garder des choses en souvenir d'expériences agréables. Nous avons tous visité des maisons qui semblent remplies de choses achetées pendant les vacances. Nous avons tous reçu des cadeaux dont nous ne voulons pas vraiment, mais qui nous rappellent la gentillesse des personnes qui nous les ont offerts. Mais avons-nous vraiment besoin de garder ces choses alors que nous avons déjà les souvenirs de ces expériences ?

Nous achetons certaines choses parce que nous croyons la publicité qui nous dit que nous en avons besoin, même si ce n'est pas le cas. Nous achetons un gadget parce que la publicité nous fait croire qu'il est indispensable, mais ensuite nous ne l'utilisons jamais. Ou bien nous achetons des choses parce que nous croyons qu'elles nous rendront plus populaires/attractives/respectées et nous découvrons alors que nous sommes toujours la même personne malgré les nouveautés.

Il existe une gamme apparemment infinie d'endroits où nous pouvons nous procurer ces articles, des achats réguliers aux magasins en ligne, en passant par Amazon, eBay, Gumtree et les ventes de chaussures de voiture. Si vous voulez vraiment désencombrer, vous devez prendre du recul et regarder objectivement les choses que vous avez déjà et celles que vous pourriez être tenté d'acheter. En règle générale, ne gardez que les choses que vous utilisez régulièrement. Débarrassez-vous de tout ce que vous n'utilisez pas et si vous achetez quelque chose de nouveau, assurez-vous que c'est quelque chose que vous utiliserez régulièrement et débarrassez-vous de l'ancienne version .

Commencez votre voyage de désencombrement

Nous avons tous vu des émissions de télévision sur les thésauriseurs, des gens qui remplissent leur maison de détritus jusqu'à ce qu'elle devienne presque inhabitable. Ce sont des exemples extrêmes, mais la vérité est que nous accumulons tous des choses et que ce n'est pas une bonne idée. Une maison en désordre et encombrée n'est pas seulement moche, cela signifie que nous pouvons rarement trouver ce dont nous avons vraiment besoin parmi toutes les autres choses inutiles. La bonne nouvelle, c'est que vous n'êtes pas obligé de vivre de cette façon.

Pensez au temps que vous avez passé dans une maison de vacances ou un hôtel. En général, il y a juste assez de tout - vous n'avez qu'une serviette, un set de savon et de shampoing et un minimum de vêtements. La vie est plus simple parce que vous n'êtes pas entouré par le fouillis de choses que vous n'utilisez pas. Imaginez maintenant que vous appliquez la même philosophie non seulement aux vacances, mais à toute votre vie. N'est-ce pas une proposition séduisante ? De nombreuses études ont montré que les enfants jouent souvent avec les mêmes quelques jouets, même s'ils en ont beaucoup plus à leur disposition. En tant qu'adultes, nous sommes tous pareils et nous accumulons beaucoup de choses que nous n'utilisons jamais.

Aussi attrayant que le désencombrement puisse paraître, il faut aussi reconnaître que ce ne sera pas facile. Beaucoup de choses que nous possédons représentent des espoirs et des aspirations, même si nous ne les utilisons jamais. Ce matériel de sport inutilisé dans le placard représente votre fantasme de faire plus d'exercice et de vous mettre en forme. S'en débarrasser signifie reconnaître que vous ne l'avez jamais utilisé, que vous ne l'utiliserez probablement jamais et que vos rêves de devenir sportif ne sont que des rêves. Il est difficile d'accepter cela, mais c'est essentiel. Tant que ces choses sont dans le placard, vous pouvez vous tromper en pensant que vous allez faire quelque chose pour votre forme physique. Si vous vous en débarrassez, vous ne pouvez plus vous cacher derrière cette notion et vous devez affronter les choses telles qu'elles sont réellement. Ce n'est pas toujours agréable, mais à long terme, c'est beaucoup plus sain et plus positif que de se leurrer.

Ce trouble émotionnel peut faire du désencombrement un défi, mais parfois c'est juste l'ampleur de la tâche qui nous arrête. Par où commencer ! On a parfois l'impression que les choses se multiplient au hasard dans les placards et les tiroirs jusqu'à ce qu'on en arrive soudain au point où on ne peut plus rien y mettre. À ce moment-là, le désencombrement peut sembler une tâche décourageante. Eh bien, comme le dit le proverbe chinois, *"un voyage de mille kilomètres commence par un seul pas"*. "La seule façon de créer un élan est de commencer, peu importe où et à quel point. Choisissez une pièce, un placard ou même un tiroir et désencombrez-le. Si vous trouvez que vous n'avez pas assez de place dans la cuisine pour cuisiner à cause de tous ces objets, commencez par là. Ou si vous devez déplacer des objets dans la salle de bains pour utiliser les toilettes ou la douche, ce serait peut-être un bon point de départ.

Utilisez un carnet pour noter les progrès de votre voyage de désencombrement. Faites-le suffisamment petit pour pouvoir le transporter facilement avec vous et notez ce que vous ressentez lorsque vous désencombrez votre première armoire. Et votre première chambre. Et la deuxième... Écrivez ce que vous ressentez lorsque vous donnez des sacs à des œuvres de charité ou que vous les recyclez. Notez ce que vous ressentez par rapport à tout cet espace libéré et planifiez ce que vous allez en faire. Les récompenses sont des moteurs importants du comportement humain et vos sentiments de satisfaction et de contentement sont les récompenses du désencombrement.

Chapitre 3 : Le désencombrement est bon pour vous

En 2016, une équipe de l'université du Nouveau-Mexique, travaillant pour le professeur de marketing Catherine Roster, a entrepris une étude détaillée sur la relation entre le désordre dans l'environnement domestique et les sentiments subjectifs de bien-être. Mme Roster et son équipe ont étudié les adultes ayant des problèmes d'encombrement légers à modérés par l'intermédiaire de "The Institute for Challenging Disorganization" (ICD), une organisation à but non lucratif destinée à aider les personnes ayant des problèmes d'organisation et d'encombrement. Les résultats ont été surprenants : non seulement un environnement domestique encombré inhibait l'activité physique, mais l'étude a également révélé que la cognition et les sentiments de sécurité et de satisfaction s'amélioraient avec le désencombrement. Le rapport a conclu que : *"l'encombrement est souvent une conséquence insidieuse et apparemment inoffensive du désir naturel des gens de s'approprier leurs espaces personnels avec des biens"*. Mais il note que le désordre peut *"menacer d'enfermer physiquement et psychologiquement une personne dans un environnement domestique dysfonctionnel qui contribue à la détresse personnelle et aux sentiments de déplacement et d'aliénation"*.

En bref, cette étude et d'autres montrent qu'un logement encombré est susceptible de réduire les sentiments de sécurité et d'attachement. Cependant, il existe également d'autres facteurs directement liés. Si votre cuisine est encombrée, vous avez moins de chances de cuisiner vous-même et vous risquez de recourir à des plats à emporter malsains. La poussière et la moisissure peuvent s'accumuler parmi le désordre et ces éléments peuvent contribuer à des problèmes respiratoires, notamment l'asthme et la bronchite. Le désordre est également source de stimuli cérébraux non pertinents. Dans le monde moderne, nous sommes constamment bombardés d'informations et le désordre ne fait qu'ajouter à cela. Une stimulation excessive augmente le sentiment de stress et réduit la satisfaction.

Le désordre peut aussi arriver par la poste. Selon une étude de la "National Association of Professional Organizers", l'Américain moyen reçoit environ cinquante mille pièces de courrier au cours de sa vie. La moitié de ce courrier est du courrier indésirable ! Les brochures et les catalogues non désirés et non utilisés viennent s'ajouter au désordre sans nous fournir quoi que ce soit d'utile.

Les mêmes questions s'appliquent précisément à l'environnement de travail. Un bureau avec de la paperasse empilée sur toutes les surfaces disponibles ne sera jamais un lieu de travail productif. La plupart de ces documents ne sont plus nécessaires et s'ils étaient supprimés, il deviendrait soudain beaucoup plus facile de trouver les choses qui comptent vraiment. Nous connaissons tous le sentiment de savoir que, quelque part, il y a un morceau de papier vital. Et nous connaissons tous le stress que représente la recherche d'une multitude de papiers non essentiels.

Le bon sens nous dit et de nombreuses études s'accordent à dire que le désordre est mauvais pour nous à bien des égards. Certaines sont évidentes en termes d'augmentation du stress et de réduction de la sécurité et de la productivité, mais d'autres le sont moins, comme le temps que nous passons à chercher des objets perdus.

Où ai-je mis cela ?

Des études suggèrent que le foyer moyen aux États-Unis comprend plus de trois cent mille articles. Mais nous n'en utilisons régulièrement que moins de vingt pour cent. Pas étonnant que nous passions autant de temps à chercher des choses ! Une étude réalisée en 2017 a révélé que l'Américain moyen passe au moins 2,5 jours par an à chercher des objets perdus, ce qui coûte à la nation environ 2,7 milliards de dollars par an pour remplacer les objets temporairement égarés et amène le citoyen moyen à passer l'équivalent d'une année de sa vie à chercher des objets qu'il a perdus.

Imaginez ce que vous pourriez faire cette année-là si vous ne cherchiez pas la télécommande de la télévision, vos lunettes ou vos clés ? Qu'auriez-vous pu faire de cette période : vous auriez pu écrire ce livre dont vous parlez sans cesse, faire des voyages spectaculaires ou passer du temps à améliorer votre condition physique. Au lieu de cela, vous avez perdu du temps et des efforts à fouiller dans le désordre pour retrouver les choses que vous aviez perdues !

Lorsque vous désencombrez, non seulement vous récupérez le temps perdu, mais vous vous rendez compte que vous êtes moins stressé parce que vous n'avez pas à vous demander où se trouve ce document d'assurance vie ou ce passeport manquant : vous pourrez les retrouver rapidement car vous n'aurez pas à fouiller dans des piles de choses non essentielles pour trouver ce dont vous avez besoin. Désencombrer signifie ne conserver que les objets essentiels et les organiser de manière à ce que vous sachiez où se trouve tout. Cela vous donne un grand sentiment de paix tout en vous permettant de consacrer plus de temps à ce que vous voulez vraiment faire.

Le désencombrement permet d'aller plus loin

Cela vous semble familier ? La batterie s'arrête de fonctionner sur, disons, une lampe de poche. Vous savez que vous avez des piles de rechange quelque part mais, après une recherche rapide, vous ne pouvez pas les trouver, alors vous allez au magasin et achetez un autre paquet. Vous mettez les nouvelles piles dans la lampe de poche et, lorsque vous allez ranger le reste du paquet pour plus tard, vous découvrez un tiroir rempli de paquets de piles à moitié usées. Si vous désencombrez, vous pourrez retrouver ces piles plus facilement. Cela vous ferait gagner du temps mais aussi de l'argent, un avantage souvent négligé du désencombrement.

Bien sûr, cela ne s'applique pas seulement aux articles peu coûteux comme les piles. La plupart des gens ont acheté quelque chose de neuf simplement parce qu'ils ne pouvaient pas trouver l'exemple qu'ils possédaient déjà. Cela ne s'applique pas seulement aux particuliers, mais aussi aux entreprises. Un rapport publié dans le *Wall Street Journal a* estimé que les entreprises américaines peuvent dépenser jusqu'à 20 % de leur budget total pour remplacer des articles introuvables ou pour reproduire des choses qui leur appartiennent déjà.

Ce n'est pas la seule façon dont le désencombrement peut permettre d'économiser de l'argent. Le paiement tardif des factures peut générer des frais importants, mais les chiffres montrent que jusqu'à un quart de ces frais sont dus au fait que les gens ne trouvent pas la facture et l'ont oubliée. Les gens gaspillent également de l'argent en payant pour un stockage dont ils n'ont pas vraiment besoin. Le secteur du self-stockage, qui consiste à louer aux gens un espace sécurisé pour les objets qu'ils n'ont pas de place chez eux, représente un chiffre impressionnant de 40 milliards de dollars chaque année rien qu'aux États-Unis. Des rapports montrent qu'une famille américaine sur dix dépense 1 000 dollars par an pour l'entreposage libre-service. Si les gens faisaient plus de place en désencombrant leur maison, ils n'auraient pas besoin de cet espace de stockage supplémentaire.

Le désencombrement vous donne le contrôle

Il existe une construction psychologique appelée *"locus de contrôle"* qui décrit notre façon d'aborder le monde. En termes très simples, cela suggère qu'il y a deux types de personnes : celles qui croient qu'elles sont en contrôle de leur vie (locus de contrôle interne) et celles qui croient que des forces et des influences extérieures contrôlent leur vie (locus de contrôle externe). En général, les personnes ayant un locus de contrôle interne sont plus heureuses, plus saines et plus performantes que les autres.

Il n'est pas surprenant que ces personnes aient également tendance à garder leur environnement immédiat propre et dégagé. C'est logique : l'encombrement vous distrait en détournant votre attention des choses importantes. Lorsqu'il y a du désordre dans votre environnement immédiat, vous aurez toujours le sentiment tenace que vous avez perdu quelque chose ou que vous avez laissé quelque chose de côté au lieu d'accorder toute votre attention à la tâche en cours.

Même la créativité peut souffrir si nous sommes entourés de fouillis. Une étude réalisée en 2011 par l'université de Princeton a révélé que nos sens peuvent être dépassés par le fait d'avoir trop de choses à regarder. Si vous organisez l'espace dans lequel vous vivez et travaillez, vous faites le premier pas vers la reprise du contrôle de vous-même.

Le désencombrement, c'est de la détresse

Le stress nous rend malades. En fait, et selon les *Centers for Disease Control, la* plupart des factures médicales sont dues à des conditions liées au stress. Il est également prouvé que le désordre contribue à provoquer ce stress, même si vous n'en êtes pas conscient. Des études montrent que quatre-vingt-dix pour cent des personnes aux États-Unis sont d'accord pour dire qu'un environnement familial ou professionnel désorganisé a un effet négatif sur leur bien-être général. Soixante-cinq pour cent disent que le désordre a un effet négatif sur leur santé mentale. Quarante-trois pour cent déclarent qu'il les démotive, ce qui les conduit ensuite à se sentir déprimés. Une étude publiée en 2010 dans le *Bulletin de psychologie sociale et de la personnalité a* révélé que les personnes qui décrivaient leur maison comme encombrée présentaient des niveaux plus élevés de dépression et de fatigue, en plus d'une capacité d'adaptation réduite.

La même étude a révélé que les personnes vivant dans des environnements encombrés présentaient des niveaux élevés de cortisol, une hormone du stress, qui est libérée dans le sang par les glandes surrénales. Cette substance est généralement liée à la reconnaissance et au traitement des menaces, mais cette étude et d'autres montrent qu'elle peut également être libérée en réponse à un environnement désordonné.

Le désordre est donc source de stress. Le désencombrement est la meilleure thérapie possible pour faire face à ce problème et réduire ce stress. Perdre des objets, être en retard, manquer des rendez-vous et oublier des factures ou de la correspondance, tout cela contribue au stress et à l'anxiété. Toutes ces choses peuvent être réduites ou éliminées simplement en désencombrant et en s'organisant. En éliminant les objets non désirés dans votre environnement immédiat, à la maison et au travail, vous serez en mesure de voir plus clairement ce que vous devez faire et vous serez motivé pour le faire réellement.

Le désordre vous rend gros et malsain

Il semble même qu'il y ait un lien direct entre l'encombrement et le surpoids. Dans le livre *"Lose the Clutter, Lose the Weight"* de Peter Walsh, l'auteur affirme que les personnes qui vivent dans des maisons encombrées ont 77% de chances de plus d'être en surpoids que celles qui vivent dans un environnement sain. Cela semble être confirmé par les conclusions d'une étude publiée en 2017 dans *Environment and Behavior, selon laquelle les* personnes qui vivent dans un environnement alimentaire encombré et désorganisé sont beaucoup plus susceptibles d'être tentées par des aliments transformés riches en calories et en graisses.

Les autres conséquences du stress provoqué par le désordre sont les maux de tête, les problèmes digestifs et intestinaux, l'hypertension artérielle, la baisse de la libido, le risque accru de maladies cardiaques et un système immunitaire affaibli. Dans l'ensemble, les faits suggèrent fortement que le désencombrement de tous les aspects de votre vie vous rendra non seulement plus heureux mais aussi plus sain.

Le désordre empêche le sommeil

Vous ne le savez peut-être pas, mais essayer de dormir dans une chambre encombrée est plus difficile que de dormir dans une pièce bien rangée et organisée. Une chambre désorganisée est considérée par notre cerveau comme un "travail à faire", même si nous n'en sommes pas conscients. Nous passons jusqu'à un tiers de notre vie dans notre chambre à coucher et plus le désordre s'accumule, plus notre culpabilité subconsciente est grande de ne pas avoir fait quelque chose pour y remédier. Cela accroît le stress, et le stress est l'un des tueurs de sommeil les plus connus.

Un bon sommeil est essentiel à notre bien-être général. L'organisation de votre chambre à coucher doit donc figurer en tête de liste de vos priorités en matière de désencombrement.

Votre maison encombrée affecte vos relations

L'Association nationale des organisateurs professionnels (NAPO) a mené une enquête auprès de plus de mille personnes pour leur demander combien de temps il leur faudrait pour se préparer à organiser un dîner ? Un pourcentage stupéfiant de dix pour cent des personnes interrogées ont déclaré qu'elles ne pourraient jamais organiser un dîner parce que leur maison était si encombrée. Soixante pour cent ont admis que leur maison était si mal rangée qu'il leur faudrait au moins quarante heures avant de pouvoir recevoir des invités !

Êtes-vous de ceux-là ? Ou bien vous n'invitez pas les gens chez vous parce que vous avez peur qu'il y ait une odeur persistante de pisse de chat ? Ou parce que la cuisine est pleine de vaisselle non lavée ? Désencombrer ne signifie pas transformer votre maison en une sorte de maison témoin. Demandez-vous simplement : comment vous sentiriez-vous si des invités inattendus se présentaient en ce moment ? Si la réponse est que vous seriez gêné de les inviter dans votre maison, peut-être devez-vous faire quelque chose pour y remédier ?

Avoir une maison où l'on n'a pas peur d'inviter des gens est une condition de base pour des relations efficaces. Vous ne vous retrouverez peut-être jamais à organiser un dîner, mais si votre maison est désencombrée et organisée, vous pourrez au moins inviter ceux qui vous sont chers à l'intérieur.

Vous pouvez devenir un exemple de désencombrement pour votre famille

Les enfants apprennent autant de l'environnement dans lequel ils sont élevés que de ce qu'on leur dit. Si votre maison est chaotique et encombrée, vous dites à vos enfants que vous n'avez pas le contrôle. Dans ces circonstances, ils sont moins enclins à vous respecter et beaucoup moins enclins à écouter les conseils que vous pouvez leur donner. En termes simples, si vous élevez vos enfants dans une maison désordonnée et encombrée, ils supposeront que c'est à cela que les maisons sont censées ressembler et seront beaucoup plus susceptibles de continuer à vivre eux-mêmes dans un environnement encombré.

Les informations contenues dans ce chapitre montrent que le désencombrement vous rend plus sain, plus heureux et moins susceptible de gaspiller de l'argent. Ce sont des choses formidables à transmettre à vos enfants, mais le fait est que ce que vous leur dites n'a pas d'importance si vous ne le faites pas vous-même. Les avantages du désencombrement et de l'organisation sont multiples. En effet, si vos enfants voient que vous vivez dans un foyer désordonné et désorganisé, ils vont devenir plus têtus.

Devenez un exemple pour vos enfants en désencombrant. Une fois qu'ils auront vu la différence, ils seront beaucoup plus enclins à adopter eux-mêmes les mêmes habitudes. Désencombrez non seulement pour vous, mais aussi pour toute votre famille.

Chapitre 4 : Prêt, stable, désencombrement !

D'accord, vous êtes donc persuadé des avantages du désencombrement et en regardant autour de vous dans votre maison en désordre et surpeuplée, vous pouvez presque la visualiser comme un espace propre, bien rangé et sans encombrement. Mais il y a certaines choses auxquelles il faut réfléchir avant de commencer,

Savoir pourquoi vous faites cela

Le désencombrement n'est pas facile. Il faut du temps et des efforts pour se débarrasser de tous ces biens inutiles qui vous pèsent. C'est pourquoi il est important, avant de commencer, d'expliquer clairement pourquoi vous voulez faire cela.

Vous pouvez réduire le stress en vous assurant que vous savez où tout se trouve pour pouvoir trouver facilement des choses. Vous pouvez réduire encore plus le stress en rangeant tout - souvenez-vous qu'une pièce en désordre nous stresse inconsciemment parce que le cerveau la considère comme un travail inachevé. Ce sont là de bonnes raisons de désencombrer, mais peut-être voulez-vous aussi faire de votre maison un endroit où vous pouvez inviter des amis sans avoir honte ou simplement un espace dont vous pouvez être fier ? Les raisons pour lesquelles vous entamez ce processus vous sont personnelles, mais avant de commencer, prenez le temps de réfléchir à ces objectifs. En vous concentrant sur ce que vous voulez atteindre, vous aurez beaucoup moins tendance à abandonner.

Pensez aussi à l'excellence. Vous souvenez-vous que nous avons parlé de faire votre lit aussi bien que possible dès le début de ce livre ? Allez-vous vous engager à l'excellence en plus du désencombrement ? Comment allez-vous vous y prendre ? Ferez-vous votre lit à la première heure chaque matin ? Vous assurerez-vous d'avoir tout ce dont vous avez besoin pour le lendemain trié avant d'aller vous coucher ? Veillerez-vous à ce que la vaisselle soit lavée et rangée avant d'aller au lit ? Pensez aux changements que vous pouvez faire pour apporter de l'excellence dans votre vie et améliorer votre maison en désordre avec un style de vie en désordre.

Prenez des photos avant de commencer

Votre maison désordonnée et encombrée a probablement l'air si horrible que vous ne voulez même pas la regarder et vous ne voudriez certainement pas la photographier. Mais c'est ce que vous devriez faire avant de commencer. Il est trop facile d'oublier à quel point les choses étaient désordonnées avant que vous ne commenciez et le fait de prendre des photos vous rappellera le chemin parcouru et vous motivera à continuer.

Réfléchir à la manière de rester motivé

Les photos avant et après sont un excellent moyen de vous rappeler les progrès que vous avez réalisés. Mais peut-être avez-vous aussi besoin de réfléchir à d'autres moyens de vous motiver lorsque vous commencez le processus de désencombrement ? Le problème est que la plupart des gens commencent les choses bien, mais ont du mal à les poursuivre. Comment garantissez-vous que vous atteignez vos objectifs de désencombrement ?

Essayez de décomposer vos tâches de désencombrement en petits morceaux. Trouvez une tâche que vous pouvez accomplir en une heure, ou même seulement en dix minutes. Désencombrez un seul meuble plutôt que d'essayer de compléter une pièce entière en une seule fois. En terminant une tâche, même petite, vous vous sentirez bien et vous aurez plus de chances de continuer. Un petit progrès vous fera progresser encore plus !

Rendez le désencombrement amusant en écoutant un podcast ou de la musique pendant que vous travaillez. Écoutez des haut-parleurs de motivation et de la musique pendant que vous désencombrez. Restez concentré sur vos objectifs. Visualiser une pièce terminée et désencombrée est une bonne raison de continuer. Offrez-vous régulièrement des récompenses pour le désencombrement - passez du temps à lire un magazine, à jouer à un jeu sur votre téléphone ou à naviguer sur Facebook uniquement lorsque vous avez terminé une tâche de désencombrement.

N'oubliez pas que le désencombrement va prendre du temps. Pour la plupart des gens, il faut beaucoup de temps pour se retrouver avec une maison en désordre et encombrée. Penser que vous pouvez désencombrer rapidement n'est pas vraiment réaliste, alors soyez prêt pour le long terme. Il s'agit d'un voyage. Restez concentré sur la destination au fur et à mesure que vous avancez.

Chapitre 5 : Faire du désencombrement un défi

Maintenant que vous avez une bonne idée des avantages du désencombrement, il est temps d'agir. En fait, il est temps de vous lancer un défi de désencombrement de 30 jours !

Maintenant, ne vous y trompez pas, il est presque certain qu'il faudra plus de trente jours pour désencombrer votre maison. Il s'agit plutôt de décomposer ce qui peut sembler être un problème insurmontable en parties facile à gérer en trente jours. C'est à vous de décider comment vous allez procéder. Quelle est la pièce la plus sale de votre maison ? Quelle est la pièce la plus sale qui vous irrite le plus ? Peut-être voulez-vous commencer par l'une d'entre elles ? Si vous avez l'impression que c'est trop, commencez par un endroit un peu plus facile. Peu importe l'ordre dans lequel vous décidez d'aborder les choses, l'important est de commencer. Dès maintenant. Une fois que vous aurez terminé avec succès ce premier segment de trente jours, vous vous sentirez enthousiaste à l'idée de désencombrer votre maison et bien plus prêt à passer au reste de votre vie.

Étape 1 : Élaborer un plan.

Décidez de l'espace sur lequel vous allez travailler en premier. Voulez-vous vous attaquer d'abord au pire domaine ? Cela vous donnera peut-être la confiance nécessaire pour aborder les autres domaines moins exigeants, mais peut-être serait-il préférable de commencer par quelque chose d'un peu plus facile ? Soyez clair sur vos objectifs. Voulez-vous simplement réduire le désordre et l'encombrement, ou voulez-vous rendre un espace plus attrayant pour les visiteurs ou voulez-vous pouvoir trouver facilement vos vêtements chaque matin ? Savoir pourquoi vous faites cela est un excellent moyen de rester motivé.

Étape 2 : Faites une liste.

Maintenant que vous avez décidé par quel espace commencer, dressez une liste détaillée des choses à faire et réfléchissez à la manière dont vous pouvez compléter cette liste en trente jours. Il s'agit de créer un planning détaillé - divisez ce qui doit être fait en tâches distinctes de manière à pouvoir cocher chacune d'entre elles au fur et à mesure que vous la remplissez. Décidez du moment où, pendant la période de trente jours, vous allez effectuer chaque tâche. Soyez logique dans l'ordre des tâches - il ne sert à rien de ranger votre placard tant que vous n'avez pas fouillé dans vos vêtements et jeté tout ce que vous ne portez pas régulièrement.

Étape 3 : Faites-le !

Il est maintenant temps de faire réellement toutes ces choses que vous avez énumérées. Il est très important que vous respectiez le plan et que vous réalisiez ce que vous avez prévu de faire dans les trente jours. Vous serez fatigué et le désencombrement prend presque toujours plus de temps que vous ne le pensez, mais cela en vaut vraiment la peine. Vous serez étonné de constater à quel point le désencombrement vous fait du bien et, une fois que vous aurez désencombrer un espace de votre maison, vous constaterez que vous êtes enthousiaste à l'idée de travailler sur d'autres espaces.

Étape 4 : Restez avec elle !

Maintenant que vous disposez d'un espace propre et ordonné, libre et agréable, faites en sorte que cela reste ainsi ! Engagez-vous à l'excellence, à garder les choses bien rangées et propres. Les gens commenceront à s'en rendre compte et, au lieu de vous sentir fatigué de simplement regarder tout le désordre autour de vous, vous vous sentirez dynamisé, enthousiaste et en contrôle. Parce que c'est vraiment ça, le désencombrement. Il s'agit de reprendre le contrôle de votre propre vie en prenant d'abord le contrôle de votre environnement immédiat. Vos possessions ou le désordre de votre vie ne domineront plus votre pensée. Au contraire, vous serez prêt à prendre les choses en main, non seulement en désencombrant votre maison, mais aussi dans tous les aspects de votre vie.

Chapitre 6 : Le désencombrement, pièce par pièce

Maintenant que vous êtes prêt à commencer, il est temps de faire le tour de votre maison en vous donnant des conseils de désencombrement pour chaque zone. Il est évident que tous les conseils ne s'appliquent pas à tout le monde : choisissez ceux qui vous conviennent et qui sont adaptés à votre lieu de résidence. Il vous faudra un certain temps pour faire le tour de tous les espaces de votre maison. Faites un plan, n'essayez pas d'en faire trop d'un coup et décomposez les choses en petites tâches. N'oubliez pas qu'une fois que vous aurez terminé, vous vous sentirez beaucoup mieux !

Entrée

Les maisons et les appartements ont des espaces d'entrée différents, mais le but est le même dans tous les cas : l'entrée est l'espace par lequel passe toute personne arrivant chez vous et c'est généralement aussi l'endroit où elle laissera les vêtements et autres objets qu'elle ne veut pas emporter dans la maison. C'est aussi le premier espace que toute personne entrant chez vous va voir et c'est une excellente occasion de faire une première impression désencombrée et organisée.

À moins de disposer d'un vaste espace d'entrée, vous devez viser quelque chose d'aussi peu encombrant et fonctionnel que possible plutôt qu'un objet lourdement ou joliment décoré. Chaque élément de l'entrée doit avoir une fonction, à savoir conserver les biens des résidents et des visiteurs jusqu'à ce qu'ils soient prêts à partir. Essayez d'éviter d'avoir des étagères ou de nombreux ornements dans cet espace - c'est un endroit que les gens vont traverser, pas s'attarder.

- Prévoyez des supports pour les manteaux, les écharpes, les chapeaux, les sacs à dos, etc. Prévoyez également des crochets pour les clés de voiture et de maison et les laisses pour chiens. Établissez une règle selon laquelle toute personne entrant dans votre maison doit laisser ces objets dans l'entrée.

- Prévoyez un espace de stockage pour les objets qui pourraient être mouillés ou sales comme les parapluies, les vêtements de sport et les chaussures de plein air.

- Prévoyez un espace de rangement pour les gants, les sacs et les autres articles que les personnes peuvent apporter avec elles.

- Si votre entrée est sombre ou lugubre, pensez à la peindre d'une couleur vive. Envisagez également un miroir - non seulement il donne l'impression que l'espace est plus grand et plus lumineux, mais il est également utile lorsque vous portez un chapeau, etc.

Salle de séjour

Le salon est appelé ainsi pour une bonne raison : c'est l'espace de la maison où nous passons le plus de temps lorsque nous ne sommes pas dans la chambre à coucher. C'est l'endroit où une famille se détend et se divertit, ainsi qu'un espace qui peut être utilisé pour faire de l'exercice et manger. Heureusement, c'est un espace assez simple à désencombrer.

- Commencez par retirer tout ce qui n'y a pas sa place. Les bottes, les chaussures et les vêtements d'extérieur doivent avoir une place dans l'entrée. La vaisselle et les articles de service doivent être rangés dans la cuisine. Ouvrez le courrier et jetez-le s'il n'est pas souhaité ou rangez-le à l'endroit approprié.

- Faites face à toutes les zones sinistrées - des endroits où toutes les choses dont vous ne pouvez pas penser à quoi faire sont mises, derrière ou en dessous. Faites le tri - débarrassez-vous de ce que vous pouvez et mettez le reste au bon endroit.

- Achetez des bacs de rangement et utilisez-les pour ranger des articles tels que des jeux, des oreillers, des coussins, des jouets pour animaux et pour enfants.

- Trouvez un endroit unique pour ranger les télécommandes. Placez-les là lorsqu'elles ne sont pas utilisées.

- De même, les chargeurs de téléphone et les câbles - trouvez un endroit pour les ranger lorsqu'ils ne sont pas utilisés et assurez-vous qu'ils y soient remis après utilisation.

- Avoir un endroit pour stocker les magazines et les journaux et les y rendre lorsqu'ils ne sont pas lus.

Chambres à coucher

La chambre à coucher peut être l'un des endroits les plus désordonnés et encombrés de toute maison, mais l'organisation de ces espaces est importante et peut même vous aider à dormir. Avant de commencer, enlevez tout ce qui ne vous appartient pas. Les appareils d'exercice, les téléphones et les chargeurs mis au rebut ainsi que la télécommande de la télévision devraient tous avoir une place et elle n'est probablement pas dans la chambre à coucher. Rangez-les. S'il y a des choses dans la chambre que vous n'utilisez pas, jetez-les. Ne commencez à désencombrer que lorsque ce qui reste appartient définitivement à la chambre.

- Trouvez un endroit pour stocker le linge de lit. Les vieux tiroirs peuvent être utiles : utilisez-les pour ranger le linge de lit et glissez-les sous le lit.

- Rangez la table de chevet. Si elle est recouverte de livres ou de magazines, retirez ceux que vous avez lus et placez ceux que vous lisez dans le tiroir avec vos lunettes si nécessaire. S'il y a des médicaments non utilisés ou des objets comme des mouchoirs en papier jetés, nettoyez-les. Ne gardez sur la table de chevet que ce dont vous aurez besoin pour la nuit.

- Si vous avez une table de toilette, gardez-la bien rangée. Prévoyez un endroit pour les cosmétiques et autres produits et gardez-le y. Débarrassez-vous des piles de colliers en désordre en les accrochant individuellement sur un panneau d'affichage. Empilez soigneusement les bracelets sur un porte-serviettes en papier. Empêchez les boucles d'oreilles de se perdre en les rangeant dans un bac à glaçons.

- Achetez un ottoman et placez-le au pied de votre lit. Utilisez-le pour ranger les objets qui n'ont pas leur place ailleurs.

- Avoir un endroit pour le linge sale. Si vous manquez de place, procurez-vous un panier à linge que vous pourrez accrocher à l'arrière d'une porte.

- Pliez et organisez vos vêtements correctement. Prévoyez une place pour chaque type de vêtement et conservez-les à cet endroit. L'un des avantages du désencombrement est que vous pourrez trouver facilement des objets, et cela vaut également pour les vêtements.

Placards

Les placards sont une source majeure d'encombrement. De nombreuses chambres sont encombrées de vêtements qui débordent du placard et le désencombrement de cet espace est très important. Cependant, avant même de penser à désencombrer un placard, fouillez-le et jetez tout ce que vous ne portez plus. En règle générale, si vous n'avez pas porté quelque chose pendant un an ou plus, vous ne le portez pas, même si vous y êtes attaché ! Jetez ces objets, vendez-les, donnez-les, peu importe, du moment que vous les sortez de votre placard.

- Augmentez l'espace utilisable dans votre placard en ajoutant des paniers de rangement et des séparateurs d'étagères.

- Ajoutez une autre barre de suspension. Si, après avoir jeté tous les vêtements que vous ne portez pas, vous n'avez toujours pas assez de place, ajoutez une deuxième barre de suspension dans le placard. Placez les barres de suspension le plus haut possible afin de laisser de la place en dessous pour les paniers de rangement ou les porte-chaussures.

- Utilisez des cintres de bonne qualité. Non seulement les vieux cintres en fil de fer ont une mauvaise apparence, mais ils se plient et s'emmêlent facilement. Achetez plutôt des cintres métalliques ouverts de bonne qualité. Ils sont plus beaux et plus faciles à utiliser.

- Accrochez des paniers en fil de fer au dos des portes des placards et utilisez-les pour ranger sacs à main, gants et autres petits objets.

- Acheter un porte-chaussures. Pour les chaussures à talons, vissez un porte-serviettes au dos de la porte du placard et accrochez-y les chaussures. Accrochez les bottes à un porte-chaussures suspendu au rail de suspension.

- Des choses comme les pulls sont encombrants et prennent beaucoup de place. Pliez-les et placez-les dans les espaces prévus à cet effet dans un porte-chaussures suspendu.

- Si vous avez un espace mural libre dans votre placard, fixez-y un porte-serviettes et utilisez-le pour ranger des ceintures, des foulards, etc.

- Ajoutez des crochets de douche à un cintre et utilisez-le pour accrocher des foulards.

- Gardez vos sous-vêtements organisés en les mettant dans des boîtes à chaussures.

- Si vous avez l'espace nécessaire, pensez à ajouter votre coiffeuse et votre miroir dans le placard.

Salle de bains

La salle de bain est un autre endroit qui est souvent sujet au désordre et à l'encombrement. Le désencombrement de cet espace vous aidera à vous préparer plus rapidement le matin et le rendra plus attrayant pour les invités qui visitent votre maison.

- Les tiroirs des salles de bain sont souvent encombrés de toutes sortes de petits objets, notamment des brosses et des peignes, ainsi que des accessoires pour les cheveux. Pour éviter de perdre du temps à fouiller pour trouver ce que vous voulez, utilisez un organiseur d'ustensiles de cuisine dans les tiroirs de la salle de bains.

- Les appareils de coiffure tels que les sèche-cheveux, les lisseurs et les bigoudis peuvent être stockés par terre dans un porte-revues.

- Les vieux organiseurs de perles sont un excellent moyen de conserver le maquillage. Si vous n'en avez pas, envisagez d'acheter un stand de maquillage qui comprend un espace de rangement.

- Les pots de vernis à ongles peuvent être conservés dans des bocaux à biscuits ou, pour un effet coloré, placés dans des étagères de stockage d'épices vissées au mur.

- Disposez les rouges à lèvres dans des moules à pain ou à muffins miniatures.

- Les parfums peuvent être exposés et stockés sur un présentoir à gâteaux à deux étages.

- Gardez les produits de nettoyage hors de vue en les plaçant tous dans un seau en plastique sous l'évier.

- Conservez tous les médicaments et les fournitures de premiers secours au même endroit. Vous pouvez fixer de petits bacs de rangement à l'intérieur des portes des armoires et les utiliser pour ranger tous les médicaments ainsi que des objets tels que les pansements et les bandages. Assurez-vous que tout le monde dans la maison sait où se trouvent les médicaments et les fournitures de premiers secours.

- Gardez la vanité et les surfaces d'évier aussi claires que possible. Si vous n'avez pas vraiment l'espace nécessaire pour tout ranger à l'abri des regards, ne choisissez que les objets les plus attrayants à exposer.

- Organisez les serviettes par taille, ensembles et couleur. Pliez-les et rangez-les dans des tiroirs, des boîtes de rangement ou sur des étagères.

Cuisine

Les cuisines sont une autre source importante de désordre. Avant même de commencer, fouillez les tiroirs et les espaces de rangement et identifiez tout ce que vous n'utilisez pas. Y a-t-il des ustensiles dont vous n'avez tout simplement pas besoin ? Y a-t-il de vieux livres de cuisine auxquels vous ne faites plus référence ? Soyez impitoyable : jetez ou donnez tout ce que vous n'utilisez pas régulièrement. N'oubliez pas le tiroir du four - nous y jetons souvent toutes sortes de choses simplement parce que nous ne savons pas quoi en faire d'autre. Ne gardez que les objets que vous utilisez régulièrement.

- Accrochez un vieux chariot de douche à l'intérieur d'une porte d'armoire et utilisez-le pour ranger des choses comme des oignons et des poivrons.

- Utilisez des paniers en fil de fer pour stocker les canettes - vous pouvez empiler les canettes en toute sécurité à l'intérieur du panier et vous pouvez toujours lire les étiquettes. Utilisez également des bacs ou des paniers en fil de fer pour ranger les planches à découper ou à hacher.

- Un vieux vase à fleurs peut être utilisé pour stocker des ustensiles à long manche.

- Videz les marchandises en boîte comme le riz ou les céréales dans des conteneurs en plastique transparent hermétiques pour disposer d'un espace supplémentaire.

- Rangez les sacs en plastique, le papier d'aluminium et le film plastique dans un porte-revues de cartes.

- Suspendez les produits de nettoyage à un rail sous l'évier.

- Ne laissez pas les sacs en plastique s'accumuler chaque semaine. Ne gardez que cinq grands et dix petits sacs et recyclez le reste. Conservez les sacs dans une vieille boîte de mouchoirs en papier ou dans un carton à lait, nettoyés et dont le dessus est coupé, prêts à l'emploi.

- Gardez l'évier et la vaisselle propres et sans encombrement. Ne laissez pas la vaisselle et les ustensiles sales s'accumuler. Empilez-les dans le lave-vaisselle ou lavez-les et rangez-les.

Buanderie

Les buanderies sont généralement assez petites et l'espace de stockage limité, mais vous pouvez toujours désencombrer cet espace ! Mettez des étagères ou installez un support de rangement suspendu pour garder les articles de blanchisserie en ordre. Pensez à ajouter un organiseur à chaussures suspendu à l'arrière de la porte et utilisez-le pour ranger les appareils. Vous pouvez également placer des patères à l'arrière de la porte et y suspendre la planche à repasser.

Salle de jeux

La pièce dans laquelle vos enfants jouent sera probablement assez en désordre la plupart du temps, mais vous pouvez encore améliorer les choses en prévoyant un espace de rangement supplémentaire.

- Lorsque vos enfants jettent leurs jouets hors des boîtes de rangement et sur le sol, encouragez-les à le faire sur un vieux tapis ou une vieille couverture - cela facilite grandement le ramassage des jouets lorsqu'il est temps de les ranger.

- Installez un organiseur de chaussures à l'arrière de la porte et utilisez-le pour ranger les poupées, les figurines et les accessoires.

- Suspendez un hamac au plafond ou dans un coin et utilisez-le pour ranger des jouets en peluche.

- Installez des étagères et utilisez-les pour ranger les jeux de société.

- Utilisez un vieux chariot pour ranger vos livres préférés.

Bureau

Si vous disposez d'un espace dans votre maison qui vous sert de bureau, vous devez également le garder organisé.

- Jetez tous ces vieux dossiers couleur manille et prenez plutôt des classeurs de couleur. Utilisez les couleurs pour indiquer ce qu'elles contiennent. Par exemple, utilisez le rouge pour les factures impayées, le vert pour les factures payées et le bleu pour les documents ménagers essentiels tels que les polices d'assurance et les coordonnées des services d'urgence et de réparation.

- Si votre bureau déborde d'agrafes, d'élastiques, de stylos, de post-it, etc., installez un porte-épices sur le mur et utilisez-le pour ranger les objets de bureau.

Garage

De nombreuses personnes se retrouvent à utiliser leur garage pour stocker leur voiture, puis à la laisser dans l'allée. C'est fou - il est sûrement préférable de ranger sa voiture chère dans le garage plutôt que de la jeter, comme on ne l'utilise pas. Avant de commencer à ranger, passez en revue tout ce qui est stocké dans votre garage et jetez, donnez ou donnez tout ce que vous n'avez pas utilisé depuis un an ou plus. Ensuite, vous pouvez commencer à organiser ce qui reste.

- Ballons de basket, de volley, de football, en fait, les ballons de toutes sortes sont difficiles à ranger et finissent souvent par rouler par terre. Utilisez un filet et des cordes élastiques pour attacher tous les ballons dans un coin.

- Conservez les boulons et les écrous dans une étagère à épices montée sur le mur.

- Utilisez des moules à muffins à compartiments séparés pour ranger tous les clous, épingles, fixations murales et autres pièces diverses qui traînent dans votre garage.

- Placez un porte-serviettes sur le mur, fixez-y des crochets de douche et utilisez-les pour accrocher des outils.

Voiture

D'accord, ce n'est pas tout à fait une pièce, mais votre voiture est un espace que vous utilisez régulièrement et elle aussi peut bénéficier d'un désencombrement. Comme pour tout autre espace, avant de commencer, passez par là et enlevez tout ce que vous n'utilisez pas. Ce guide de voyage qui est dans la boîte à gants depuis trois ans ne sera probablement pas utilisé de sitôt, alors débarrassez-vous en !

- Procurez-vous des supports en filet qui s'adaptent au dossier des sièges avant et utilisez-les pour ranger l'eau, les en-cas, les mouchoirs et le désinfectant pour les mains.

- Utilisez un chariot en plastique pour tenir des objets comme des tasses et des jouets.

- Assurez-vous d'avoir les numéros de téléphone des services de dépannage, de récupération et d'assurance dans la voiture et faites savoir à tous les adultes où ils se trouvent.

- Assurez-vous d'avoir des gilets réfléchissants, des triangles de signalisation, des lampes de poche et tout ce qui est nécessaire pour rester en sécurité en cas de panne sur la route.

- Assurez-vous que vous disposez de tous les outils nécessaires pour changer une roue en cas de crevaison.

- N'oubliez pas le coffre - c'est l'endroit préféré pour garder les choses hors de vue mais, avez-vous vraiment besoin de ce bidon d'huile de tondeuse à moitié vide pour le garder dans la voiture ?

Chapitre 7 : Un nettoyage respectueux de l'environnement

Lorsque vous vous serez débarrassé de tous les objets inutilisés dans votre maison, celle-ci aura l'air beaucoup plus grande et plus spacieuse qu'auparavant. Maintenant qu'elle est belle, vous voudrez qu'elle le reste. Le nettoyage et le rangement devraient faire partie de votre routine quotidienne et de votre quête d'excellence. Cependant, de nombreux produits de nettoyage achetés en magasin contiennent des produits chimiques nocifs qui peuvent affecter à la fois votre santé et l'environnement. La bonne nouvelle est que vous n'êtes pas obligé d'utiliser ces produits - le nettoyage à l'aide de produits naturels est tout aussi efficace et beaucoup moins nocif.

Pourquoi éviter les produits achetés en magasin

Avez-vous déjà utilisé un produit de nettoyage et trouvé vos yeux et nez coulent ? La plupart d'entre nous l'ont déjà fait et nous avons tendance à croire que seuls des produits chimiques puissants peuvent nettoyer efficacement et en toute sécurité. Cependant, ces produits de nettoyage et des choses comme les aérosols et les désodorisants peuvent ne pas être sûrs ! L'Agence de protection de l'environnement (EPA) a mené une série d'études dans plus de six cents foyers et a découvert que la pollution de l'air intérieur est l'un des problèmes de santé personnelle les plus graves aux États-Unis. Les pics de concentration de plus de vingt composés toxiques étaient jusqu'à cinq cents fois plus élevés à l'intérieur qu'à l'extérieur. Une partie du problème est que nos maisons sont maintenant plus efficacement scellées pour promouvoir l'efficacité énergétique, mais cela signifie que tout ce que nous utilisons à l'intérieur de nos maisons reste dans l'air beaucoup plus longtemps.

Quelques-uns des composés toxiques découverts par cette étude sont effrayants et ont été associés à certaines formes de cancer et même à des malformations congénitales. Des résidus de plus de quatre cents substances chimiques toxiques ont été trouvés dans le sang des sujets testés et l'exposition à ces substances peut provoquer des démangeaisons des yeux, un mal de gorge, des maux de tête, de la fatigue, des étourdissements et même des infections respiratoires. Les enfants sont particulièrement vulnérables et une exposition à long terme peut augmenter le risque de cancer ainsi que les dommages au foie, aux reins et au système nerveux central. Beaucoup de ces substances se trouvent dans les produits de nettoyage courants. Par exemple :

- Le spray désinfectant Lysol comprend un produit chimique appelé "orthophénylphénol" (OPP). Des recherches ont montré que ce produit peut être associé aux tumeurs de la vessie.

- Le nettoyant Ajax contient de la "silice cristalline", qui peut provoquer des irritations de la peau, des yeux et des poumons.

- Le désherbant Ortho contient du "dichlopophénoxyacétate", qui a été associé à des lymphomes, des cancers et des sarcomes des tissus mous.

Garder votre maison nouvellement désencombrée propre est un objectif positif, mais introduire des concentrations plus élevées de substances toxiques dans votre maison est clairement une mauvaise idée. Heureusement, il existe de nombreuses alternatives naturelles qui vous permettront de garder votre maison propre sans les effets potentiellement nocifs des produits de nettoyage achetés en magasin. Ce qui suit est un guide pièce par pièce pour un nettoyage écologique qui ne vous causera pas de problèmes de santé.

Salle de séjour

Les coussins de canapé peuvent être une source importante d'odeurs et de taches désagréables, surtout si vous y mangez et si vous avez des animaux domestiques qui sont autorisés à y monter. Heureusement, ils peuvent être facilement nettoyés mais, avant de commencer, il y a une étape importante que vous devez franchir : regardez l'étiquette sur les coussins de canapé. Si vous voyez la lettre W (qui signifie Water, c'est-à-dire que les nettoyants à base d'eau peuvent être utilisés sans danger), vous pouvez nettoyer les coussins vous-même. Si vous voyez autre chose (X ou S, par exemple), le fait de vous nettoyer vous-même risque d'abîmer le canapé et vous devrez peut-être faire appel à un professionnel. C'est également un point que vous voudrez peut-être vérifier lors de l'achat de votre prochain canapé ! S'il est sûr de faire le nettoyage soi-même :

- Remplissez un seau d'eau tiède mais non chaude et ajoutez une demi-tasse de vinaigre blanc et une cuillère à café de levure chimique,

- Remuer jusqu'à ce que la levure chimique se soit mélangée.

- Trempez une éponge dans ce mélange, puis pressez l'excédent de liquide. Utilisez l'éponge pour nettoyer toutes les surfaces des coussins. Lorsque vous avez terminé, placez les coussins contre un mur pour les faire sécher, mais veillez à placer un rouleau de cuisine ou des essuie-tout propres entre eux et le mur.

- Nettoyez le reste du canapé de la même manière, en le démontant si cela peut être fait facilement.

- Laissez le canapé et les coussins sécher à l'air libre et assurez-vous qu'ils sont tous complètement secs avant de les remettre sur le canapé.

Si les odeurs d'animaux sur un canapé posent un problème particulier, enlevez les coussins et laissez-les dehors le plus longtemps possible pour qu'ils sèchent à l'air libre. Lorsqu'ils sont complètement secs, battez-les avec un batteur à tapis ou un bâton - cela permettra d'éliminer une grande partie des dépôts de sel laissés par l'urine. Si l'odeur persiste, saupoudrez du bicarbonate de soude sur le canapé, laissez-le reposer toute la nuit et passez l'aspirateur le matin.

Si vous avez des meubles en cuir, le processus est un peu différent. Préparez un mélange composé de deux tiers d'huile d'olive et d'un tiers de vinaigre blanc dans un récipient muni d'un couvercle hermétique. Agitez vigoureusement jusqu'à ce que le mélange se mélange, puis versez un peu sur un chiffon sec et propre et utilisez-le pour polir le cuir.

Salle à manger

La table à manger est le centre de votre salle à manger, mais elle peut se salir et se rayer avec le temps. Heureusement, il est possible de les restaurer et de les nettoyer sans utiliser de produits chimiques nocifs.

Comment réduire l'apparence des éraflures :

- Trouvez une noix entière de la même couleur que celle de la table - les noix sont bonnes pour les taches foncées.

- Frottez doucement la noix sur la rayure, en suivant le sens de la rayure.

- Trempez un coton-tige ou un tampon dans de l'iode et frottez doucement sur l'égratignure.

- Répétez jusqu'à ce que la couleur de la rayure corresponde à la couleur du tableau.

Comment nettoyer une table à manger :

- Remplissez un grand bol d'eau chaude et ajoutez une demi-tasse de vinaigre blanc.

- Trempez un chiffon en coton dans le liquide et pressez l'excédent.

- Essuyez la table.

Comment nettoyer une table en verre (ou toute autre surface en verre) :

- Ajoutez une cuillère à soupe de vinaigre blanc, une tasse d'alcool à friction et une tasse d'eau dans un vaporisateur.

- Agiter vigoureusement.

- Vaporisez sur le verre et essuyez-le avec un chiffon non pelucheux.

Salle de bains

Les salles de bain doivent être nettoyées fréquemment. Vous et votre famille utilisez cette pièce tous les jours et c'est un endroit que les visiteurs peuvent aussi visiter, vous voulez donc qu'elle soit propre à tout moment. La moisissure, les toilettes malodorantes et les canalisations bouchées sont autant de problèmes désagréables à résoudre, mais la bonne nouvelle est que, même ici, vous n'avez pas besoin d'utiliser des produits chimiques potentiellement dangereux pour que tout soit propre.

Comment nettoyer l'intérieur des toilettes :

- Mélangez une demi-tasse de vinaigre blanc avec une cuillère à soupe de bicarbonate de soude dans un bol.

- Versez le tout dans la cuvette des toilettes, en vous assurant que le tout est bien réparti sur les côtés.

- Laissez agir pendant au moins trente minutes et frottez ensuite la cuvette avec la brosse des toilettes avant de tirer la chasse d'eau.

Comment nettoyer l'extérieur des toilettes :

- Créez un mélange composé d'une part de bicarbonate de soude, d'une part de vinaigre blanc et de trois parts d'eau.

- Mettez ceci dans un vaporisateur et secouez bien pour mélanger.

- Vaporisez toutes les surfaces extérieures des toilettes et laissez agir pendant au moins dix minutes.

- Utilisez un chiffon humide pour nettoyer le mélange, ainsi que les saletés et les taches éventuelles.

Éliminer le calcaire des toilettes :

Si le calcaire se trouve au-dessus de la ligne de flottaison, il est possible de le gratter doucement avec un couteau à beurre ou un couteau de table, mais il faut faire très attention à ne pas rayer la surface de l'émail. S'il se trouve sous la ligne de flottaison, vous pouvez tremper vigoureusement la brosse des toilettes dans l'eau plusieurs fois pour abaisser le niveau. Si le calcaire est toujours en dessous du niveau de l'eau, utilisez une tasse pour vider l'eau restante de la cuvette, puis grattez le calcaire. Ou, lorsque la cuvette est vide, mettez-y une tasse de vinaigre blanc, laissez-la reposer toute la nuit, puis frottez et tirez la chasse d'eau le matin.

Éliminer le calcaire d'un évier :

Grattez soigneusement les dépôts calcaires à l'aide d'un vieux beurre ou d'un couteau de table, puis essuyez l'évier avec un chiffon humide. Pour les dépôts tenaces, préparez un mélange à partir d'une tasse de soda de fabrication et d'une tasse de vinaigre. Étalez la pâte obtenue sur l'évier et laissez reposer pendant au moins une heure, puis rincez et essuyez.

Éliminer le calcaire d'une pomme de douche :

Ajoutez deux tasses de vinaigre blanc dans un seau d'eau. Retirez la pomme de douche, laissez-la dans le seau pendant la nuit, puis rincez-la à l'eau propre. C'est également une bonne façon de nettoyer soigneusement la pomme de douche.

Enlever les restes de savon :

- Faites une pâte en mélangeant du bicarbonate de soude et du liquide vaisselle.

- Trempez une éponge ou un chiffon dans ce mélange et utilisez-le pour enlever les restes de savon, puis rincez et essuyez la zone.

Enlever la moisissure :

La moisissure est un problème dans de nombreux endroits de la salle de bains et il peut être difficile de la maintenir à distance. La meilleure approche consiste à mettre du vinaigre blanc dans un vaporisateur, puis à pulvériser généreusement la moisissure. Attendez qu'il soit sec, puis vaporisez-le à nouveau et utilisez immédiatement un chiffon humide pour éliminer la moisissure. Vous devrez peut-être répéter l'opération plusieurs fois pour éliminer complètement les moisissures. Pour éviter la formation de moisissures, vaporisez chaque jour les zones touchées avec un mélange d'eau et de vinaigre blanc.

Nettoyage d'une canalisation d'évier :

- Portez des gants et enlevez les poils ou tout ce qui bloque l'écoulement.

- Versez les trois quarts d'une tasse de bicarbonate de soude dans l'égout, puis faites moue avec une demi-tasse de vinaigre.

- Mettez le bouchon ou une prise et laissez reposer pendant trente minutes.

- Faites bouillir une bouilloire d'eau, retirez le bouchon et versez l'eau dans l'égout.

Nettoyage de l'extérieur du tuyau d'évacuation des toilettes :

- Trempez un chiffon humide dans du vinaigre et utilisez-le pour frotter la pipe.

- Pour les taches tenaces, enroulez un chiffon imbibé de vinaigre autour du tuyau, laissez-le tremper pendant 30 minutes et nettoyez l'extérieur du tuyau d'évacuation des toilettes comme décrit ci-dessus pour l'évacuation de l'évier

Nettoyage d'un rideau de douche :

Pour les taches légères et la moisissure, vaporisez avec un mélange d'eau et de vinaigre, puis nettoyez avec un chiffon humide. Pour les taches plus difficiles, faites tremper une éponge dans de l'eau, puis saupoudrez-la de bicarbonate de soude et utilisez-la pour frotter le rideau. Si les taches sont particulièrement importantes, sortez le rideau, posez-le à plat et frottez-le avec un mélange de vinaigre blanc et de bicarbonate de soude. Si tout le reste échoue, mettez le rideau dans la machine à laver, ajoutez un peu de bicarbonate de soude et lavez avec des serviettes pour aider à enlever les taches tenaces.

Nettoyage des miroirs :

- Vaporisez le miroir avec de l'eau chaude et savonneuse.

- Essuyez l'eau avec un morceau de journal ou une page de magazine.

- Séchez le miroir avec une autre feuille de papier.

Nettoyer un bain :

- Faites un mélange d'un volume de vinaigre, d'un volume de bicarbonate de soude et d'un volume d'eau.

- Trempez une lavette dans le mélange et utilisez ensuite le côté dur pour frotter la baignoire.

- Rincez le bain avec de l'eau propre.

Chambre à coucher

Changez votre literie une fois par semaine et vos taies d'oreiller deux fois par semaine. Lavez votre couette une fois par mois.

Nettoyage des draps et des couvre-lits :

- Tout d'abord, vérifiez les étiquettes pour connaître les instructions de lavage - si vous mettez des draps en soie ou en satin dans la machine à laver, vous les abîmerez et ils devront probablement être nettoyés à sec.

- Si vous avez un lit king-size, pensez à apporter les draps à la laverie pour les laver. Les machines à laver domestiques ordinaires ont du mal à nettoyer correctement les articles très volumineux.

- Pour les taches tenaces sur les draps en coton, mettez du jus de citron sur la tache avant de mettre le drap dans la machine à laver.

Nettoyage des couvertures :

Les couvertures collectent la poussière et peuvent constituer un problème particulier pour les personnes allergiques. Posez les couvertures à plat, passez l'aspirateur et laissez-les à l'air libre avant de les mettre dans la machine à laver.

Chapitre 8 : Gagner de l'argent grâce au désencombrement

La bonne nouvelle, c'est que se débarrasser de toutes ces choses dont on n'a plus besoin ou qu'on n'utilise plus va vous permettre de vous sentir mieux dans votre peau et dans votre vie. La meilleure nouvelle, c'est que vous pourrez peut-être gagner un peu d'argent en vendant toutes les choses que vous ne garderez plus.

Une enquête menée en 2007 par Nielsen Customized Research pour le compte d'eBay a révélé que le ménage moyen aux États-Unis possédait plus de cinquante articles inutilisés d'une valeur supérieure à trois mille dollars. Une autre enquête a noté que la principale résolution du Nouvel An pour de nombreux ménages américains était d'économiser de l'argent, pourtant 70% des familles américaines ont moins de mille dollars d'économies. Il n'est pas compliqué de voir que le désencombrement peut vous aider à économiser de l'argent, à la fois en réduisant les coûts de stockage et en vendant les objets dont vous ne vous servez plus.

Beaucoup d'entre nous pensent au recyclage en termes de papier et de verre, mais la vente d'objets non désirés à la maison peut leur donner une nouvelle vie et nous fournir de l'argent. Pourquoi ne pas lancer un autre défi de trente jours : cette fois, le défi consiste à vendre dans les trente jours tous les objets dont vous avez décidé de vous débarrasser après votre premier défi de désencombrement de trente jours ? Tout ce que vous ne vendez pas pendant cette période sera jeté ou donné.

Il existe de nombreux endroits où vous pouvez vendre ou faire de la publicité pour les choses dont vous voulez vous débarrasser, mais voici quelques conseils généraux sur la manière de tirer le meilleur parti de la transformation de vos déchets en argent.

Avant de vendre

Faites des recherches. En 2015, une famille de l'Arizona était en train de vider le garage de la maison d'un parent âgé lorsqu'elle a trouvé ce qui semblait être une peinture appuyée contre un mur. Elle n'avait pas l'air particulièrement impressionnante et ils l'ont presque jetée. Heureusement, ils ne l'ont pas fait parce qu'il s'est avéré que c'était une œuvre de l'artiste américain Jackson Pollock et qu'elle valait 15 millions de dollars ! La plupart d'entre nous n'auront pas la chance de trouver un tableau de valeur lorsqu'ils le désencombrent, mais vous devez avoir une idée précise de la valeur de tout ce que vous comptez vendre. Utilisez des sites comme eBay et Amazon ou les petites annonces locales pour savoir ce que d'autres font payer pour des articles similaires. Rendez votre prix attractif - n'oubliez pas que si vous ne vendez pas ces objets dans les trente jours, vous les abandonnerez ou les donnerez.

Rédigez une description précise et utile. Que vous vendiez sur un site d'enchères en ligne ou par l'intermédiaire d'un journal local, vous devez décrire clairement ce que vous vendez pour les acheteurs potentiels. Veillez à fournir une description précise de l'objet que vous vendez, en indiquant le fabricant et, le cas échéant, le numéro de modèle ou d'article. S'il présente des défauts comme des éclats ou des rayures, veillez à les mentionner. S'il s'agit d'un objet électronique, vérifiez qu'il fonctionne correctement et mentionnez-le dans la description. S'il présente des défauts ou des problèmes, mentionnez-les également et essayez d'inclure dans la liste au moins une photographie claire prise sur un fond clair.

Allumez le créneau des heures de grande écoute. Les sites d'enchères en ligne ont des moments où les articles ont tendance à se vendre mieux. Par exemple, il est peu probable que vous attiriez beaucoup d'enchères sur un article qui se termine pendant la journée de travail - les gens ne peuvent souvent pas accéder à ces sites et enchérir lorsqu'ils sont au travail. La plupart des sites signalent que les articles se vendent le mieux entre sept et neuf heures du soir, mais vous voudrez peut-être faire des recherches pour savoir quels sont les moments où la plateforme que vous décidez d'utiliser fonctionne le mieux.

Que pouvez-vous vendre ?

La vraie réponse à cette question est : à peu près tout ! Cependant, certains articles sont susceptibles d'être plus faciles à vendre. Voici donc un guide rapide des articles d'occasion les plus populaires.

Les **vêtements** sont populaires sur de nombreux sites de commerce électronique, dont eBay, Amazon et Etsy. On estime que jusqu'à 2 milliards de dollars de vêtements inutilisés et non portés encombrent les placards des femmes rien qu'aux États-Unis ! Les marques de créateurs sont toujours populaires, mais les articles des grandes marques de la rue et les vêtements vintage se vendent également bien. Les vêtements de niche comme les vêtements gothiques et cybernétiques que vous ne portez plus peuvent également rapporter de l'argent.

L'**électronique est** également très populaire sur les principaux sites de commerce sur Internet, ainsi que sur des sites spécialisés comme Amazon,

Newegg et eBay. Vous pouvez tout mettre en vente, mais les vieux appareils photo numériques, les ordinateurs personnels portables et de bureau, les téléphones, les iPods, etc. se vendent particulièrement bien. Testez tous les appareils électroniques avant de les annoncer et soyez clair et honnête dans votre description, en détaillant notamment les défauts éventuels.

Les **appareils ménagers** tels que les réfrigérateurs, les micro-ondes et les climatiseurs sont également très demandés. Leur taille et leur volume peuvent rendre leur vente en ligne difficile mais, dans la plupart des régions, des entreprises énergétiques et des organisations caritatives collectent gratuitement votre vieil appareil et certaines peuvent même vous payer si l'article est en bon état de fonctionnement.

Les **meubles** peuvent également être vendus, à la fois sur les sites en ligne habituels mais aussi dans les garages, les magasins de consignation et même les centres commerciaux d'antiquités.

Les **bijoux ont** également tendance à s'accumuler, soit parce qu'on ne s'en soucie plus, soit parce qu'une pièce a des associations négatives. La bonne nouvelle, c'est qu'il existe des sites spécialisés où vous pouvez vendre tout ce dont vous ne voulez plus. Des sites comme Never Liked It Anyway et I Do Now I Don't payent bien pour des pièces de qualité.

Les **livres** peuvent également être vendus, même en livre de poche. Les manuels scolaires actuels sont toujours très populaires, mais vous pouvez vendre pratiquement tout, des vieux livres de cuisine au dernier roman romantique. Utilisez des sites tels qu'Amazon ou eBay pour vendre vos livres en ligne ou visitez votre librairie locale pour savoir si elle est intéressée par l'achat de l'un de vos livres.

Les **DVD et les CD** sont moins populaires aujourd'hui en raison de la disponibilité des services de streaming en ligne, mais vous pouvez toujours trouver des acheteurs pour ces vieux films et cette musique qui prennent la poussière dans le coin. Les sites web comme Amazon sont parfaits pour évaluer la valeur de vos produits et trouver des acheteurs.

Les **instruments de musique** ne se démodent jamais et ils durent très longtemps. Si vous avez des instruments de musique inutilisés, vous pouvez les vendre sur des sites en ligne ou les apporter à des prêteurs sur gages ou à des magasins de musique qui paient souvent très bien pour des articles en bon état.

Les **cartes-cadeaux** ne vous viennent pas à l'esprit lorsque vous réfléchissez à ce que vous pouvez vendre, mais une étude récente suggère que des cartes-cadeaux d'une valeur de 750 millions de dollars ne sont pas remboursées chaque année, rien qu'aux États-Unis ! Si vous avez des cartes-cadeaux qui sont encore valables mais que vous ne pourrez probablement pas utiliser, vérifiez si vous pouvez les vendre en ligne ou les donner à vos amis et à votre famille.

Où vendre

La **vente en ligne** est un excellent moyen de vendre vos objets non désirés, tout simplement parce que vous pouvez atteindre un grand nombre de clients potentiels rapidement et facilement. eBay compte à lui seul plus de 180 millions d'utilisateurs dans le monde entier, dont plus de 70 % aux États-Unis. D'autres sites tels qu'Amazon, les groupes Facebook et Etsy sont également d'excellents moyens d'atteindre les acheteurs potentiels dans votre région. La plupart de ces sites vous permettent d'annoncer des articles gratuitement et l'inscription est généralement simple et directe. L'un des avantages de cette méthode de vente est que vous pouvez annoncer des articles pour enlèvement uniquement, ce qui signifie que vous n'aurez pas à vous soucier de l'emballage ou des frais d'expédition. Toutefois, n'oubliez pas ces conseils de sécurité si vous vendez en ligne :

- Ne donnez jamais votre adresse ou d'autres informations personnelles dans une annonce en ligne.

- Ne donnez pas votre numéro de téléphone ou votre adresse électronique - communiquez avec les acheteurs par le biais du système de messagerie du site que vous utilisez.

- Si vous incluez des photos, assurez-vous qu'elles ne montrent pas de noms de rue, de numéros de maison, de plaques d'immatriculation ou de membres de la famille en arrière-plan.

- Si possible, rencontrez l'acheteur dans un lieu public sûr pour lui remettre l'objet et recevoir le paiement.

- Si l'objet est trop grand pour être emporté, placez-le dans le garage ou dans l'espace d'entrée afin que l'acheteur potentiel voit le moins possible votre maison.

- De nombreux sites incluent des profils et des commentaires pour les acheteurs. Si un acheteur potentiel n'a pas de profil ou s'il a des commentaires négatifs, peut-être vaut-il mieux en attendre un autre ?

- Faites confiance à votre instinct. Si quelque chose à propos d'un acheteur potentiel vous rend nerveux, ne le faites pas.

Si l'utilisation de grands sites Internet pour la vente vous rend nerveux, vous pouvez toujours faire de la publicité par le biais de vos propres médias sociaux afin de ne proposer des articles qu'à votre famille et à vos amis.

Les **ventes de garage** sont extrêmement populaires et constituent un excellent moyen de vendre des articles non désirés. Chaque année aux États-Unis, les gens organisent jusqu'à neuf millions de ventes de garage, qui représentent un chiffre d'affaires total de près de deux milliards de dollars. Il est essentiel que vous fassiez savoir aux gens que vous organisez un vide-grenier : créez un simple dépliant et postez le dans les boîtes aux lettres et aux arrêts de bus de la région. Affichez-le dans tous les magasins locaux qui vous permettront et indiqueront l'endroit, l'heure et une idée des articles qui seront mis en vente. Envisagez de vous associer avec des voisins pour créer une vente plus importante. Le seul inconvénient potentiel de ce type de vente est que les acheteurs s'attendront à des bonnes affaires, de sorte que vous n'obtiendrez probablement pas les meilleurs prix pour vos articles. L'avantage est que vous vendrez davantage et que vous pouvez décider à l'avance que tout ce qui ne se vend pas sera immédiatement pris pour un don ou un dépôt.

Les **magasins de consignation** vendent des marchandises d'occasion pour le compte de personnes qui veulent s'en débarrasser. En général, ces magasins prennent vos articles et les exposent pendant une période déterminée ou jusqu'à ce qu'ils soient vendus. Lorsqu'ils vendent, vous obtenez une proportion convenue (entre 40 et 75 %) du prix de vente. Les vêtements sont très populaires dans ces magasins, en particulier les vêtements d'époque, et ils acceptent généralement vos articles pour une période allant jusqu'à 90 jours. Si l'article ne se vend pas pendant cette période, vous pouvez soit le reprendre, soit permettre au vendeur d'en réduire le prix. S'il ne se vend toujours pas, le magasin peut accepter d'en faire don à une œuvre de bienfaisance en votre nom.

Les **prêteurs sur gages** achètent certains articles, notamment des instruments de musique, des appareils électroniques et des bijoux. Sachez que ces magasins n'achètent que des articles qu'ils peuvent revendre avec un bénéfice, et qu'il est donc peu probable qu'ils proposent les prix les plus élevés.

Les **ventes aux enchères** peuvent être un bon moyen de vendre des objets non désirés, bien que la plupart d'entre elles portent sur des objets anciens, rares, de collection ou d'antiquité. Visitez votre maison de vente aux enchères locale pour savoir ce qu'elle vend et comment fonctionne le processus. La plupart vous demanderont de faire une réserve, le minimum que vous accepterez pour un objet, et toutes les ventes aux enchères prélèveront une commission convenue sur le prix final auquel votre objet sera vendu.

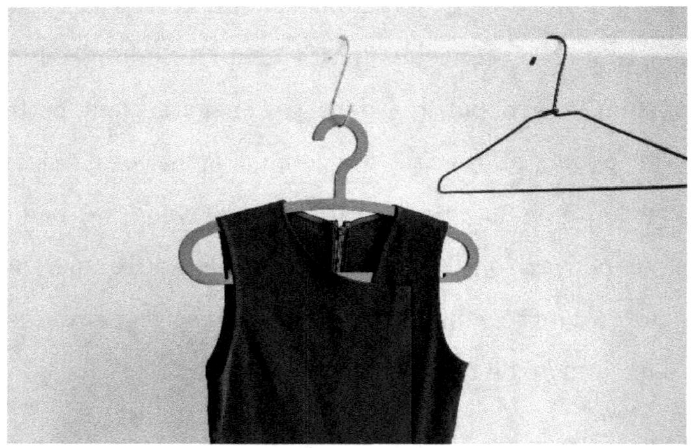

Chapitre 9 : Déclasser son temps

Beaucoup d'entre nous ont le sentiment qu'il n'y a tout simplement pas assez d'heures dans la journée, que nous ne semblons jamais avoir le temps de tout faire. Nous avons une vie très active, mais une partie du problème est que nous faisons des choses inutiles ou improductives. Désencombrer son emploi du temps quotidien est un excellent moyen de libérer plus de temps et d'apprendre à se concentrer sur ce qui est vraiment important pour vous.

Une partie du problème est que les vies modernes sont remplies de distractions. Par exemple, des recherches menées par A.C. Nielsen suggèrent que l'Américain moyen regarde plus de quatre heures de télévision par jour. C'est une statistique effrayante. Si vous vivez jusqu'à l'âge de soixante-cinq ans, vous aurez passé neuf de ces années à regarder la télévision ! Et ce n'est pas la seule distraction. Selon une étude de 2018, l'adulte moyen aux États-Unis passe trente-huit minutes par jour sur Facebook et les personnes âgées de 18 à 24 ans passent jusqu'à trois heures par jour sur les médias sociaux. Si l'on ajoute à cela le fait de regarder ses e-mails et de naviguer sur Internet, il devient évident que nous passons une part effroyablement importante de nos heures de veille à regarder un écran. La raison pour laquelle vous ne semblez jamais avoir de temps n'est pas que vous en faites trop, mais que vous passez trop de temps sur des choses qui ne sont pas productives ou utiles.

Reconnaissez que votre temps est une ressource précieuse et limitée. Traitez-le comme vos finances - vous ne gaspilleriez pas d'argent, alors pourquoi êtes-vous prêt à perdre du temps ?

Conseils de personnes ayant réussi

Certaines personnes semblent tout simplement capables d'en faire plus chaque jour. Les personnes qui réussissent le mieux semblent être capables de faire deux fois plus que la plupart d'entre nous. Comment y parviennent-ils ? Voici quelques conseils utiles sur la gestion du temps donnés par des personnes qui réussissent bien.

Ayez une routine matin et soir. L'entrepreneur en série Sir Richard Branson est connu pour être imprévisible et surprenant, mais il affirme que la clé pour gérer son temps sont les routines du matin et du soir qu'il suit chaque jour. La plupart des personnes qui réussissent se lèvent tôt et suivent ensuite une routine fixe pour le petit déjeuner, l'exercice physique et la mendicité de leur journée de travail. Beaucoup reconnaissent qu'ils sont au mieux de leur forme au début de la journée et programment les tâches les plus exigeantes pour cette période. L'entrepreneur, philanthrope et politicien Marcus Lemonis commence chaque jour par écrire une liste de cinq choses qu'il veut réaliser chaque jour. À la fin de la journée, il revoit la liste pour vérifier s'il a réalisé ce qu'il s'était fixé comme objectif.

Si votre routine matinale consiste à vous réveiller au son de l'alarme, à appuyer sur le bouton de répétition et à vous rendormir, puis à trébucher hors de la porte d'entrée en croquant un morceau de pain grillé et à arriver au travail juste à temps, vous avez probablement besoin d'une nouvelle routine matinale.

Évitez la fatigue des décisions. Nous prenons tous un grand nombre de décisions chaque jour, mais notre capacité à prendre de bonnes décisions diminue à mesure que nous nous fatiguons. Un bon moyen de rationaliser votre journée consiste à réduire le nombre de décisions que vous devez prendre. Le président Barrack Obama ne portait, comme on le sait, que des costumes gris ou bleus. Ce n'était pas une déclaration de mode - il ne voulait pas gaspiller son énergie mentale à décider quoi porter chaque jour. D'autres personnes qui ont eu beaucoup de succès ont suivi une stratégie similaire : Steve Jobs portait presque toujours un col roulé et un jean noirs et Mark Zuckerberg est rarement vu sans son t-shirt gris Brunello Cucinelli. Limiter le nombre de choses différentes dans votre garde-robe n'aide pas seulement à désencombrer, cela signifie que vous ne serez pas confronté à la décision "que vais-je porter aujourd'hui ?" au début de chaque journée.

Prévoyez vos repas pour le lendemain, la veille au soir. Tout comme le choix des vêtements, le choix des aliments peut prendre trop de temps et d'énergie mentale. Automatisez des tâches auxquelles vous devriez peut-être penser - de nombreuses factures peuvent être réglées automatiquement à partir de votre compte bancaire, ce qui réduit le nombre de tâches auxquelles vous devez penser consciemment.

La création d'une routine quotidienne est également utile. Si vous faites toujours de l'exercice après vous être levé et avant de prendre votre petit déjeuner, vous n'aurez pas à penser à l'intégrer chaque jour. Moins vous aurez à penser aux aspects banals de la vie quotidienne, plus vous libérerez du temps et de l'énergie mentale pour les décisions qui comptent vraiment.

Se lever tôt. L'une des choses les plus évidentes dans l'emploi du temps quotidien des personnes qui réussissent le mieux est qu'elles se lèvent toutes tôt. Bill Gates se lève à 4h30 du matin. Sir Richard Branson se lève tous les jours à 5 heures du matin et Warren Buffet met le réveil à 6 heures

45. Commencer tôt et avoir une routine pour le début de la journée est un excellent moyen de prendre un bon départ dans la vie quotidienne.

Dormez suffisamment. Nous avons tous entendu parler de personnes qui semblent pouvoir s'épanouir avec très peu de sommeil, mais pour la plupart d'entre nous, un manque de sommeil de qualité et en quantité suffisante signifie que nous ne sommes tout simplement pas capables de fonctionner au mieux de nos capacités. Tout comme ces personnes qui réussissent ont un début de matinée précoce, la plupart d'entre elles ont aussi des heures régulières pour se coucher. Tim Cook, PDG d'Apple, se couche à 21h30, Sir Richard Branson se couche à 23h tous les soirs et Warren Buffet est presque toujours au lit à 22h45. Ces personnes savent également combien de sommeil il leur faut chaque nuit pour fonctionner au mieux de leur forme. Sir Richard Branson et Barrack Obama ont déclaré qu'ils ont besoin d'au moins six heures, Jeff Bezos, le fondateur d'Amazon, en a besoin de sept et l'animatrice de télévision Ellen DeGeneres de huit.

Le temps passé à dormir n'est pas du temps perdu. Le sommeil est essentiel à notre bien-être mental et c'est le moment où nous rechargeons nos batteries pour le jour à venir. Sachez combien de sommeil il vous faut pour fonctionner au mieux de vos capacités et visez à obtenir cette quantité de sommeil chaque nuit.

Créer votre routine quotidienne

La base de l'utilisation productive de votre temps est la création d'une routine quotidienne. Trop de gens semblent passer chaque jour sans plan et en espérant simplement le meilleur. Mais un emploi du temps non organisé est aussi épuisant qu'un placard non organisé et entraîne une perte de temps et d'efforts. Si vous voulez désencombrer votre journée, vous devez commencer par une routine.

Pour beaucoup de gens, cela semble ennuyeux. Après tout, qui veut faire la même chose tous les jours ? Mais l'examen de la vie quotidienne des personnes qui réussissent le mieux confirme qu'elles ont une routine, et pourtant leur vie n'est ni prévisible ni ennuyeuse. Avoir une routine signifie réserver sa concentration et son énergie mentale pour les choses qui comptent vraiment et qui sont vraiment stimulantes. Avoir une routine ne vous rend pas ennuyeux - cela vous rend plus capable de vivre pleinement votre vie et de tirer le meilleur parti de chaque jour.

Une routine quotidienne aide également à maintenir de bonnes habitudes et à bloquer les mauvaises. Si vous commencez à faire votre lit chaque matin à la première heure, cela deviendra bientôt quelque chose que vous ferez sans pensée ni effort conscient. De la même manière, tout ce que vous faites de manière répétée (comme faire de l'exercice) sera ancré dans votre cerveau comme une habitude. C'est positif et, si vous éliminez consciemment les comportements nuisibles, cela aussi deviendra rapidement une habitude. Plus vous en ferez, plus vous aurez confiance en votre capacité à prendre en charge votre journée et votre vie.

Avoir une routine vous aide également à fixer les priorités de la journée. Nous nous sentons souvent dépassés par ce à quoi nous sommes confrontés chaque jour et, par conséquent, nous ne réalisons pas grand-chose. Avoir une routine vous aide à vous concentrer sur ce qui compte vraiment afin de faire les choses importantes tout en ignorant les distractions.

Voici quelques points clés à prendre en compte pour développer votre routine quotidienne :

Se lever tôt. Nous avons déjà vu comment la plupart des personnes qui réussissent se lèvent tôt et il y a certains avantages spécifiques qui en découlent. Vous pouvez obtenir un peu de "temps pour moi", particulièrement important si vous avez des enfants, une chance de faire une pause et de réfléchir à ce que vous voulez tirer de la journée et de faire les choses sans vous distraire. Cela peut vous aider à vous préparer pour le reste de la journée en vous faisant sentir plus positif - si vous vous levez tôt et que vous faites les choses, vous aborderez le reste de la journée dans un état d'esprit beaucoup plus positif. Le matin est également le moment où votre énergie et votre engagement sont à leur maximum, c'est donc un moment idéal pour travailler sur des choses que vous êtes peut-être trop fatigué pour aborder plus tard dans la journée lorsque vous vous sentez fatigué. Enfin, un départ matinal peut vous permettre de manquer le pire de votre trajet vers le travail, vous permettant d'arriver avant tout le monde et de vous sentir moins stressé que si vous aviez dû vous battre dans un trafic dense ou dans des transports publics bondés.

Faites des listes de choses à faire. Faites de la définition de vos tâches quotidiennes une partie de votre routine. Le fait de noter les choses par écrit est un excellent moyen de ne rien oublier et vous laisse libre de concentrer votre énergie et votre attention sur les choses vraiment importantes. Classez vos tâches par ordre de priorité et cochez-les au fur et à mesure que vous les accomplissez. Fixez vos objectifs pour la journée, les choses que vous voulez atteindre et qui ne sont pas seulement des tâches quotidiennes. Bien que la rédaction de ces listes soit une bonne chose, vous pouvez utiliser des logiciels ou des applications pour vous aider. Il existe de nombreuses possibilités, dont beaucoup sont gratuites - il suffit de consulter les "listes de choses à faire" de Google pour savoir ce qui est disponible.

Pourquoi les objectifs sont-ils importants ?

Avoir une routine quotidienne est un pas positif vers l'organisation, mais vous devez aussi penser à vos objectifs, aux choses que vous voulez réaliser à plus long terme. La fixation de ces objectifs est un élément fondamental de la prise en charge de votre vie. Considérez cela comme un GPS pour votre voyage à travers la vie. Ces objectifs vous aident à reconnaître ce qui est important et ce qui ne l'est pas. C'est très utile pour planifier votre journée, mais ces objectifs sont encore plus importants que cela.

Presque toutes les personnes qui réussissent ont des objectifs clairs. En progressant vers ces objectifs, vous vous sentez beaucoup plus positif. Vous pouvez vous fixer des objectifs pour la journée (faire une promenade, finir de lire ce livre) ou des objectifs à plus long terme que vous poursuivez (écrire un livre, apprendre une nouvelle langue). Ils seront spécifiques et personnels pour vous, mais ce qui est important, c'est que vous ayez des objectifs clairement définis vers lesquels vous travaillez. Le fait de sentir que vous progressez vers ces objectifs est un excellent moyen de renforcer votre confiance et de vous sentir plus en contrôle.

Vous seul pouvez définir vos objectifs, mais vous voudrez peut-être réfléchir aux objectifs sous les rubriques suivantes :

Carrière. Êtes-vous heureux dans votre travail ? L'argent est un élément important de notre travail, mais trouver une carrière qui vous apporte de la satisfaction est aussi extrêmement important pour votre estime de soi et votre bien-être. Y a-t-il quelque chose dans votre travail que vous pourriez changer pour vous apporter plus de satisfaction ? Souhaitez-vous être promu ou avez-vous l'intention de devenir associé ou cadre supérieur ? Souhaitez-vous simplement trouver un emploi mieux rémunéré ? Prenez le temps d'écrire ce que vous pensez de votre emploi actuel et ce que vous pouvez faire pour l'améliorer.

L'éducation. Vous sentez-vous limité par un manque d'éducation ? Est-ce que cela vous freine dans votre carrière ? Est-il possible de poursuivre vos études tout en continuant à travailler, en étudiant en ligne ou à temps partiel ? Examinez ce qui est disponible et réfléchissez à la manière dont vous pourriez intégrer un temps d'étude supplémentaire dans votre routine actuelle.

Les relations. Vous souhaitez trouver un partenaire ou vous marier ? Si oui, que faites-vous pour trouver un partenaire ? Savez-vous quel serait le partenaire idéal ? Y a-t-il des choses que vous pouvez faire pour vous permettre de rencontrer d'autres partenaires potentiels ?

La santé. Êtes-vous en mauvaise santé ou en surpoids ? Le manque d'exercice ou une mauvaise alimentation vous rend malsain et vous empêche de faire les choses que vous aimez ? Comment allez-vous faire face à ces problèmes ?

Personnalité. Y a-t-il des choses que vous n'aimez pas chez vous ? Vous vous mettez trop souvent en colère ? Êtes-vous trop timide pour essayer de faire de nouvelles choses ? Vous irritez-vous parce que vous perdez du temps devant la télévision alors que vous pourriez faire quelque chose de plus productif ? Vous craignez de trop boire ? Écrivez ce que vous ressentez à propos de vous-même - la première étape pour changer les choses est de reconnaître les problèmes.

Service public. Y a-t-il des choses que vous pourriez faire pour améliorer les choses au sein de votre communauté ou dans le monde entier ? Y a-t-il des choses dont vous êtes mécontent et que vous pourriez contribuer à changer ? Y a-t-il des personnes que vous aimeriez aider ?

Vous ne voulez pas vous fixer trop d'objectifs de vie, sinon vous vous sentirez dépassé et vous ne pourrez probablement pas y faire face. Il se peut que vous n'ayez pas d'objectifs dans toutes les catégories et que vous en ayez certains qui ne correspondent à aucune de ces catégories. En règle générale, vous ne devez pas vous fixer plus de dix objectifs de vie.

Faites de vos objectifs des objectifs SMART

Une fois que vous avez identifié vos objectifs de vie, vous voulez commencer à réfléchir à la manière dont vous pouvez les atteindre. Une chose qui peut vous aider est SMART : SMART est un acronyme utilisé dans les entreprises et il signifie Spécifique, Mesurable, Atteignable, Pertinent et Temporel. Lorsque les entreprises se fixent des objectifs, elles doivent être toutes ces choses si elles veulent les atteindre. C'est exactement la même chose qui s'applique à vos objectifs de vie. Examinons-les dans l'ordre.

Un objectif comme "Je veux être en meilleure santé" n'est probablement pas utile car il n'est pas suffisamment précis. "Je vais perdre vingt livres" est bien mieux, car vous pouvez mesurer vos progrès vers l'objectif et vous saurez quand vous l'aurez atteint. Il est essentiel d'avoir des objectifs spécifiques et mesurables.

Vos objectifs sont-ils réalistes ? Si votre objectif est de devenir un joueur de basket-ball professionnel mais que vous ne mesurez que 1,50 m, vous ne pourrez certainement pas l'atteindre. Pour que les objectifs soient utiles, ils doivent être réalistes et réalisables. Cela ne veut pas dire que vous ne pouvez pas viser les étoiles tant que vous savez comment vous y arriverez.

Vos objectifs doivent vous importer profondément. Lorsque vous les atteindrez, cela devrait faire une différence significative dans votre vie. N'adoptez pas d'objectifs trop élevés ou qui semblent simplement bons, assurez-vous qu'ils vous concernent directement.

En limitant la durée des objectifs, vous vous concentrerez encore plus sur eux. "Je vais perdre vingt livres", c'est bien, mais "Je vais perdre vingt livres en trois mois", c'est encore mieux. En fixant un délai, vous vous concentrerez sur votre objectif immédiat, et non sur un objectif futur.

Quel est le plan ?

Lorsque vous avez identifié vos objectifs, rédigez un plan quinquennal pour les atteindre. Décomposez-le ensuite en ce que vous allez faire le mois suivant et même le jour suivant pour travailler à ce plan à long terme. Intégrez ces éléments dans votre routine quotidienne. L'idée est de créer de petits pas sur le chemin qui mène à la réalisation de vos objectifs. La réalisation de ces étapes vous aidera à rester motivé et sur la bonne voie.

Établissez des priorités dans vos objectifs. Vous ne pourrez peut-être pas atteindre tous vos objectifs chaque jour, alors choisissez les plus importants et concentrez votre temps et votre énergie sur ceux-ci.

N'imaginez pas que lorsque vous atteignez un ou plusieurs objectifs, c'est la fin. Pour vivre une vie épanouie, il faut toujours avoir des objectifs à atteindre et si vous en avez un, remplacez-le par un autre. Vous avez perdu ces vingt livres ? Eh bien, fixez-vous un nouvel objectif pour en perdre dix de plus ou pour maintenir cette perte de poids pendant un an. Il est important de toujours avoir des objectifs à atteindre et de se voir progresser. La fixation d'objectifs n'est pas un exercice ponctuel, c'est quelque chose sur lequel vous devez revenir consciemment.

Chapitre 10 : Se désencombrer l'esprit

Votre maison est désencombrée et propre maintenant. Votre emploi du temps est plus organisé et vous vous sentez probablement bien. Mais il y a un autre endroit que vous voudrez peut-être désencombrer, et c'est l'espace entre vos oreilles.

L'enseignement bouddhiste utilise une merveilleuse expression pour décrire ce qui se passe dans la tête de beaucoup de gens : on l'appelle "l'esprit de l'argent" et il fait référence à un esprit qui passe constamment d'une pensée à l'autre, un peu comme un singe qui se balance rapidement de branche en branche. Dans le monde moderne, nous sommes constamment bombardés d'informations et d'expériences, que nous le voulions ou non. Elles nous parviennent par le biais des films et de la télévision, du téléphone, d'Internet et d'une myriade d'autres choses qui tentent d'attirer notre attention pendant un instant fugace.

Voici un test : lorsque vous vous installez dans votre lit le soir, vous endormez-vous paisiblement ou vous trouvez-vous pris dans des pensées chaotiques sur des choses que vous avez faites (ou pas faites) et sur ce que vous devez faire à l'avenir ? C'est l'esprit de singe et c'est une chose dont beaucoup d'entre nous souffrent. C'est le symptôme d'un esprit qui a besoin d'être désencombrer de toute urgence, tout comme votre placard.

Une façon de plus en plus populaire d'aborder cette question est la prise de conscience. Elle trouve également son origine dans l'enseignement bouddhiste et est souvent liée à la pratique de la méditation. Cependant, il n'est pas nécessaire d'être bouddhiste ou de méditer pour trouver la pleine conscience. Il existe de nombreux aspects de la pleine conscience et toute une série de livres et de conférences l'ont exposée en détail. En bref, la pleine conscience consiste à apprendre à contrôler son esprit incontrôlable. Il s'agit d'apprendre à ralentir et enfin à arrêter toutes ces pensées déchaînées et à n'apprécier que le présent, et non ce qui s'est passé avant ou ce qui pourrait se produire à l'avenir. Il s'agit d'accepter ce qui est, en vous et dans le monde, et de ne pas être obsédé par ce que vous pensez devoir être ou ce que vous auriez dû faire ou faire différemment. De nombreuses stars du sport à succès ont utilisé la pleine conscience pour améliorer leurs performances et les cadres utilisent de plus en plus cette technique pour échapper au stress de leur vie trépidante. Cela peut sembler simple mais, une fois que vous avez appris à le faire, la pleine conscience peut être incroyablement libératrice et apaisante et vous pouvez le faire même en faisant des choses banales comme marcher ou même faire la vaisselle.

Un aspect important de la pleine conscience (et de nombreuses autres techniques de réduction du stress et de relaxation) consiste à comprendre et à accepter que le fait de se sentir heureux ou non dépend autant de la façon dont on pense aux choses que des réalités physiques de la vie. Ou, comme l'a dit l'inventeur allemand Frederick Keonig : *"nous avons tendance à oublier que le bonheur ne vient pas du fait d'obtenir quelque chose que nous n'avons pas, mais plutôt de reconnaître et d'apprécier ce que nous avons"*.

C'est une chose très importante à comprendre. La plupart d'entre nous croient que nos émotions sont définies par nos circonstances, mais la vérité est que nos émotions sont principalement régies par nos pensées. Tous les domaines de notre vie, des finances à la santé et aux relations, sont contrôlés par nos pensées. Et nous pouvons apprendre à contrôler nos pensées. La compréhension de cela peut être transformatrice. Votre perception de votre situation de vie actuelle, qu'elle soit bonne ou mauvaise, est au moins en partie due à votre façon de penser. Votre réalité est créée par votre état d'esprit.

Si vous voulez organiser votre vie physique, la première chose dont vous devez prendre le contrôle est votre vie mentale. Vous devez reconnaître et accepter vos émotions et apprendre à voir d'où elles viennent. Vous devez penser à ce qui vous rend heureux. Vraiment heureux. Ce n'est pas égoïste. Si vous pouvez trouver le contentement et apprendre à prendre soin de vous, c'est la première étape pour apprendre à prendre soin des autres. Pensez à ces panneaux de sécurité que vous voyez chaque fois que vous prenez l'avion : "Mettez d'abord votre propre masque à oxygène". C'est tout simplement sensé : si vous vous permettez de devenir handicapé, vous ne pouvez aider personne d'autre. La recherche d'un sens et d'un contentement dans votre propre vie est une chose positive et encourageante qui vous fait vous sentir mieux et qui, à son tour, vous permet de ressentir plus de compassion pour les autres.

Une partie de cela, et quelque chose que la pleine conscience partage avec d'autres philosophies telles que la loi de l'attraction, est le pouvoir de penser des pensées saines. Beaucoup de gens croient, et les récents progrès de la science semblent le confirmer, que les pensées représentent une forme d'énergie. En fonction de ce à quoi vous pensez, cette énergie peut être positive ou négative. De cette façon, vous construisez votre propre réalité en fonction du pouvoir de vos pensées.

Cela semble être confirmé par les récents progrès des neurosciences. Celles-ci font de plus en plus la distinction entre l'esprit et le cerveau, le conscient et le subconscient. Ces deux entités distinctes communiquent en permanence, le cerveau fournissant un flux constant d'informations provenant de ses vastes banques de données et l'esprit qui traite ensuite ces informations. Cependant, les connexions entre ces parties séparées de notre intelligence passent par des voies neurales, des itinéraires du cerveau à l'esprit. Avec le temps, ces voies se fixent et nous avons tendance à réagir aux situations courantes de manière habituelle et irréfléchie. Cela peut conduire à des comportements nuisibles, tels que la suralimentation, l'abus d'alcool et de drogues et même l'encombrement et le désordre de la maison.

Cependant, il semble que ces voies neurales ne soient pas fixées de façon permanente. "Neuroplasticité" est le terme utilisé pour décrire la capacité du cerveau à créer de nouvelles voies qui conduisent à des comportements nouveaux et plus utiles. Si, par exemple, faire son lit dès le matin fait partie de la routine quotidienne, avec le temps, cela deviendra une habitude. Une nouvelle voie neuronale sera formée, établissant un lien entre le fait de se lever, de faire son lit et le sentiment de satisfaction et de contentement que cela procure.

C'est ce que signifie réellement le désencombrement de l'esprit. De nombreuses études confirment que le désencombrement de l'environnement physique aide à générer du calme et à réduire le stress. C'est l'étape suivante logique. Cela signifie qu'il faut utiliser des techniques comme la pleine conscience pour éliminer le désordre généré par l'esprit du singe et exploiter le pouvoir de la pensée positive pour recâbler votre cerveau de manière à renforcer un comportement utile et positif.

Chapitre 11 : Pensée positive

On a beaucoup parlé et écrit sur le pouvoir de la pensée positive, mais il y a encore beaucoup de malentendus sur ce que cela signifie réellement. Il ne s'agit pas de penser à des pensées heureuses ou de visualiser de bonnes choses dans l'espoir que vous les recevrez. Il s'agit plutôt de la suite logique de la pleine conscience. Si vous passez votre temps à penser à des choses que vous ne pouvez pas changer, et surtout à des choses qui se sont produites dans le passé, c'est inévitablement négatif. Chaque moment passé à regretter ou à culpabiliser des actions passées est du temps perdu. Vous devez plutôt réfléchir aux choses que vous pouvez changer et à la manière dont vous pouvez y parvenir. C'est une simplification grossière mais, en général, les personnes qui souffrent de mécontentement, de frustration, de colère et de jalousie passent leur temps à penser au passé. Les personnes qui sont satisfaites, concentrées et qui réussissent pensent plutôt à ce qu'elles veulent réaliser à l'avenir et à la manière dont elles peuvent le faire.

La bonne nouvelle est que, même si vous vous trouvez piégé dans un cycle de pensée négative, vous pouvez faire le changement pour bénéficier du pouvoir de la pensée positive.

Apprendre à penser positivement

De nombreuses études confirment que les personnes qui réussissent sont généralement optimistes. Ils ont des objectifs clairs et ils s'efforcent d'atteindre ces objectifs. Même s'ils échouent, ils voient des résultats positifs - chaque échec est une occasion d'apprendre et donc une étape sur le chemin de la réussite. Comme l'a dit Thomas Edison, inventeur prolifique et couronné de succès : "Je n'ai pas échoué. Je viens de trouver dix mille façons qui ne fonctionneront pas". Les personnes optimistes apprennent à considérer les problèmes comme des opportunités et à les utiliser pour les stimuler afin d'obtenir un succès encore plus grand. Les pessimistes ont tendance à se cacher des problèmes, à essayer de les ignorer et même à nier leur existence.

La bonne nouvelle, c'est que l'optimisme n'est pas quelque chose d'inné - il peut s'apprendre. Suivez l'exemple des personnes qui ont réussi. Ne vous cachez pas des problèmes ou des échecs. Examinez-les plutôt et demandez-vous "qu'est-ce que j'ai appris de tout cela ? Et comment puis-je utiliser ces connaissances à l'avenir ? Ne restez pas éveillé la nuit en pensant aux problèmes du passé et en vous attardant sur les échecs du passé. Réfléchissez à la manière dont vous pouvez surmonter les problèmes et atteindre vos objectifs à l'avenir. En pensant de cette façon, vous pouvez faire passer votre cerveau du pessimisme à l'optimisme.

Formation au cerveau positif

L'entraînement de votre cerveau consiste à utiliser la puissance de la neuroplasticité, en changeant les voies neurales négatives en voies positives. Pour ce faire, c'est en fait très simple : vous adoptez consciemment un nouveau comportement positif et vous continuez à l'utiliser jusqu'à ce qu'il devienne automatique et habituel. À ce stade, une nouvelle voie neurale est créée et le comportement positif devient votre réaction par défaut. Vous devez rester concentré pendant cette période - les habitudes sont de puissants moteurs de comportement et il est trop facile de retomber dans les vieilles habitudes si vous ne faites pas d'abord un effort conscient. Il faut du temps pour prendre les nouvelles habitudes que vous voulez encourager. Le temps nécessaire à la création d'une nouvelle habitude fait l'objet d'un débat, les estimations allant de trente à quatre-vingt-dix jours. Il n'est pas possible de dire comment cela va prendre pour vous, tout ce qui est certain, c'est que si vous vous engagez et maintenez le nouveau comportement, il finira par devenir quelque chose que vous ferez sans y penser consciemment.

Garder sa maison en désordre et propre est un excellent exemple d'une nouvelle habitude positive, mais il ne faut pas accabler son cerveau en lui demandant d'en faire trop à la fois. Choisissez un aspect particulier, comme faire votre lit chaque matin, faire la vaisselle avant de vous coucher ou établir une nouvelle routine de nettoyage. Continuez ainsi jusqu'à ce que cela devienne une habitude et ne pensez qu'ensuite à la prochaine chose que vous voulez ajouter à votre répertoire de comportements positifs. En soi, garder votre maison propre et bien rangée peut ne pas sembler être un changement majeur dans votre vie, mais si vous pouvez le faire en exploitant la puissance de la pensée positive, vous pouvez appliquer la même technique à d'autres aspects de votre vie, y compris le travail et les relations. Il vous suffit de décider de votre objectif, de la chose que vous voulez changer, et d'adopter le nouveau comportement jusqu'à ce qu'il devienne une habitude. Ne soyez pas obsédé par le négatif - recherchez toujours le positif et réfléchissez à la manière dont vous pouvez y parvenir.

Affirmation positive

Avec qui passez-vous le plus de temps à parler ? La plupart des gens nommeraient probablement un membre de leur famille ou un partenaire, voire un collègue, mais pour nous tous, la vérité est qu'il y a quelqu'un à qui nous parlons tout le temps : nous-mêmes. Notre esprit nous fournit un monologue interne constant dont nous ne sommes souvent pas conscients - l'un des avantages de la méditation est d'accroître la conscience de cette voix à l'intérieur de notre tête. Ce n'est pas bizarre ou le symptôme d'une maladie mentale, c'est quelque chose que tout le monde fait et qui nous affecte bien plus que nous ne le réalisons.

Le volume d'informations qui nous vient de l'intérieur peut sembler écrasant. Les neuroscientifiques estiment que nous avons jusqu'à soixante-dix mille pensées chaque jour, mais nous n'en connaissons consciemment qu'une fraction. Cependant, même si nous ne sommes pas conscients de toutes ces pensées, elles ont un impact marqué sur notre estime de soi et notre bien-être mental.

Si votre voix intérieure est constamment négative, elle peut conduire à l'anxiété et même à la dépression. Nous pouvons nous blâmer nous-mêmes et nous sentir responsables de ce qui n'a rien à voir avec nous. Si un collègue critique notre travail, par exemple, nous pouvons supposer que cela signifie que nous ne sommes tout simplement pas assez bons alors que cela peut être dû à des problèmes dans la vie personnelle de cette personne qui n'ont rien à voir avec nous.

L'antidote est l'affirmation positive, qui entraîne votre moi intérieur à reconnaître les choses telles qu'elles sont vraiment et à fournir des commentaires positifs et utiles. Une étude menée par l'université de l'Arizona a montré que les affirmations positives constituaient un traitement complémentaire efficace pour les patients souffrant d'affections telles que la dépression et l'anxiété. Dans certains cas, l'affirmation positive était en fait plus efficace que le traitement avec des médicaments ou d'autres formes de thérapie !

Il existe trois façons différentes d'intégrer l'affirmation positive dans votre quotidien :

Remplacement de la pensée. Parfois, vous prenez conscience de votre monologue intérieur. Pendant la méditation, par exemple, ou lorsque vous avez le temps d'écouter votre propre esprit. Si vous vous retrouvez avec des pensées négatives, faites un effort conscient pour passer à des pensées positives. Par exemple, si vous vous retrouvez à vous attarder sur des problèmes passés et surtout sur des problèmes dont vous vous rendez responsable, passez plutôt à la réflexion sur l'avenir et sur ce que vous pouvez faire pour éviter que de telles situations ne se reproduisent.

Répétition de l'affirmation. Prenez le temps chaque jour de répéter des affirmations positives utiles - vous en trouverez une liste à la fin de ce chapitre.

Méditation d'affirmation. Il ne s'agit pas vraiment de méditation au sens traditionnel du terme : elle consiste à répéter des affirmations tout au long de la journée. Cela peut se faire mentalement ou, si vous êtes seul, à voix haute. L'objectif est que, en vous faisant penser positivement, vous n'aurez tout simplement pas le temps de penser négativement. Si vous le faites de manière répétée, cela devient une habitude.

Affirmations positives

Voici quelques exemples d'affirmations positives. Elles ne sont pas immuables - n'hésitez pas à les combiner ou à les personnaliser en fonction de votre vie et de votre situation. Créez des affirmations sur vos objectifs de vie spécifiques. L'important est qu'elles soient positives, tournées vers l'avenir et qu'elles aident à rééduquer votre subconscient à penser positivement.

- Ma vie a un sens et une valeur.

- Je crois en moi, j'ai confiance en moi et j'ai confiance en moi.

- Je peux accomplir tout ce que je me fixe comme objectif.

- J'ai la capacité et le choix de changer ma vie.

- Je suis une personne unique, intéressante et digne.

- Je contrôle mes propres émotions, sentiments et choix.

- Je suis responsable de mes actes.

- Je suis responsable de ma propre satisfaction et de mon épanouissement.

- J'ai en moi tout ce dont j'ai besoin pour réussir.

- J'ai toujours le droit de dire "non".

- Je traite toujours les autres avec respect et compassion.

- Je respecte les opinions des autres tout en croyant en mes propres opinions.

- J'utilise mon temps, mes capacités et mon énergie à bon escient.

- J'apprends du passé mais je ne suis pas contrôlé par lui.

- Je vis pleinement le moment présent.

- Je peux choisir mon propre avenir.

- Je trouve du contentement et de la satisfaction dans tout ce que je fais.

- Je prends soin de mon corps en mangeant bien et en faisant de l'exercice.

- Je recherche les aspects positifs de chaque situation.

- Je suis digne d'amour et de respect.

- Je ne perds pas mon temps avec des pensées négatives.

- Je suis forte et résistante.

- Je choisis d'être positif, pas négatif.

- Je me pardonne quand je fais des erreurs.

- Je reconnais et j'accepte ce que je ne peux pas changer.

Chapitre 12 : Désencombrer vos relations

Les humains sont des créatures sociales et nos relations avec les autres personnes aident à définir qui nous sommes et la vie que nous menons. Nous apprécions tous nos amis et nos partenaires et nous sommes profondément affectés par leur façon de penser et surtout par ce qu'ils pensent de nous. Malheureusement, toutes les relations ne sont pas positives. Les relations négatives ne nous rendent pas seulement malheureux et peu sûrs d'eux ; elles peuvent aussi nous empêcher d'atteindre nos objectifs. Maintenant que vous savez comment désencombrer votre maison et votre esprit, il est temps de réfléchir à la manière de faire en sorte que vos relations contribuent également à votre bien-être.

Voici quatre façons dont les relations négatives peuvent avoir un impact sur votre vie. L'une d'entre elles vous semble-t-elle familière ?

Certaines relations ne sont pas bonnes pour vous. Quel est l'objectif des relations ? Le plus important est qu'elles nous soutiennent dans notre quête de succès et de satisfaction. Cependant, ce n'est pas le cas de nombreuses relations. Certains amis (et même certains partenaires et membres de la famille) n'ont pas nos intérêts à cœur. Certains semblent même se réjouir de nous voir échouer.

Arrêtez-vous et regardez clairement vos relations. Toutes les personnes impliquées sont-elles positives et veulent-elles vous voir réussir ? Ou s'intéressent-elles simplement à elles-mêmes, prenant votre soutien et votre énergie et ne donnant rien en retour ? Pensez honnêtement à ces personnes de votre point de vue. Voulez-vous qu'elles réussissent ou espérez-vous secrètement qu'elles échouent ? Ce sont tous des symptômes de relations négatives sans lesquelles vous serez probablement mieux loti.

Certaines personnes sont simplement négatives. Certaines personnes sont constamment négatives, à propos d'elles-mêmes, des autres personnes et du monde. Personne n'est obligé d'être comme ça, nous avons tous le choix de devenir positif et optimiste, quelle que soit notre situation de vie. Mais certaines personnes semblent prospérer grâce à la misère et au malheur.

Lorsque vous vous efforcez de devenir positif et optimiste, ces personnes vous freineront. Lorsque vous êtes avec eux, vous vous sentirez acculé par leur négativité et ils traiteront probablement vos tentatives de devenir positif avec mépris et même avec hostilité. Lorsque vous êtes avec eux, votre énergie et vos bonnes intentions en souffriront. Cela peut sembler dur, mais vous n'avez pas besoin de ce genre de personnes dans votre vie. Oui, ils ont des problèmes, mais n'oubliez pas que vous devez d'abord vous occuper de vous-même. Si vous avez des personnes dans votre vie qui sont constamment décourageantes et négatives, passez le moins de temps possible avec elles.

Certaines personnes ne veulent pas que vous réussissiez.

Lorsque vous essayez de changer votre vie pour le mieux, certaines personnes tentent de vous freiner. Peut-être pensent-elles que votre succès les fera passer pour des ratés. Peut-être aiment-elles avoir l'impression qu'elles ont plus de succès ou qu'elles sont plus capables que vous. Les raisons de cette attitude sont nombreuses, mais vous devez apprendre à les reconnaître.

Lorsque vous décrivez vos projets, y a-t-il des personnes qui semblent toujours se demander si c'est une bonne idée ou qui se demandent comment vous vous sentirez si vous échouez ? D'autres peuvent voir ce que vous faites uniquement en fonction de la manière dont cela les affecte, et non pas en fonction de ce que cela peut faire pour vous. Vous avez la capacité de changer votre vie pour le mieux. Des millions de personnes qui ne sont ni plus fortes, ni plus intelligentes, ni plus déterminées que vous l'ont déjà fait. Vous pouvez le faire aussi et toute personne qui ne vous apporte pas un soutien et un encouragement sans réserve n'est pas quelqu'un avec qui vous devez passer du temps.

Vous êtes en partie défini par vos relations.

Les gens vous jugent sur votre comportement, mais ils portent également des jugements sur les personnes avec lesquelles vous passez du temps. Si vous passez du temps avec des personnes négatives et peu encourageantes, les gens supposeront, peut-être inconsciemment, que vous êtes pareil. Vous voulez passer votre temps avec des personnes positives, mais il est possible que les personnes négatives avec lesquelles vous passez déjà du temps vous en empêchent. Si vous désencombrez votre relation pour vous concentrer sur les personnes positives, vous attirerez davantage de personnes positives dans votre vie.

Alors, qu'allez-vous faire ?

Ces éléments montrent clairement que la qualité de vos relations a une corrélation directe avec la qualité de votre vie. Mais, que faites-vous ? Dire à quelqu'un "Je ne veux plus être ton ami parce que tu es négatif" sera choquant et blessant, car la plupart des gens ne reconnaissent pas qu'ils sont négatifs. Au lieu de cela, ils se cachent derrière la notion qu'ils sont réalistes ou sincères. Vous ne voulez pas non plus vous séparer en mauvais termes - vous débarrasser de vos amis négatifs ne sera pas utile si cela ne fait que vous créer de nouveaux ennemis ! Alors, que pouvez-vous faire ?

Créer des limites claires.

Il y a certaines personnes, comme les membres de la famille par exemple, que vous ne pouvez pas simplement éliminer de votre vie. Pour ces personnes et d'autres, l'une des meilleures stratégies consiste à faire comprendre clairement ce que vous trouvez inacceptable dans leur comportement. Cet ami qui est constamment négatif et qui vous dit seulement pourquoi vous risquez d'échouer dans tout ce que vous faites ? Dites-lui pourquoi vous voulez et avez besoin de soutien et de positivité et demandez-lui de vous le donner. Un collègue qui veut seulement discuter pour répandre des ragots malveillants. Précisez que vous n'êtes pas intéressé et demandez-lui plutôt de trouver quelqu'un dont il pourra parler de manière positive. La personne qui n'entre en contact que lorsqu'elle veut se plaindre de ce qui lui arrive ? Dites-lui que vous n'aimez pas cela et suggérez-lui de ne vous contacter que lorsqu'elle a des nouvelles positives.

Ce n'est pas facile. Il faut croire en soi et surtout avoir le droit de définir ce que l'on fait et ce dont on ne veut pas parler. Une fois que ces personnes réaliseront que vous pensez ce que vous dites, soit elles changeront leur comportement pour devenir plus positives, soit elles cesseront simplement de vous rechercher. Dans les deux cas, vous vous débarrassez de toute cette négativité.

Ne soyez pas manipulé.

Restez concentré sur ce que vous attendez de vos relations. Fixez des objectifs pour celles-ci comme pour les autres aspects de votre vie. Aider les autres et faire preuve de compassion sont positifs, mais certaines personnes tenteront d'utiliser ces sentiments pour vous demander constamment de l'aide, souvent dans des situations qui ne sont pas vraiment très importantes. Si quelqu'un vous demande de l'aide, arrêtez-vous et demandez-vous s'il veut et a vraiment besoin de votre aide. Ou bien, veut-elle simplement avoir la possibilité de se défouler sur ses frustrations ? Aidez les autres à apporter des changements positifs dans leur vie, mais méfiez-vous des personnes qui tentent de manipuler votre sentiment de culpabilité pour réclamer constamment votre attention.

Attention également à la projection. C'est un terme psychologique qui signifie que nous projetons parfois des aspects de notre propre personnalité sur d'autres personnes. Les autres nous font la même chose, donc si quelqu'un vous attaque verbalement, il est possible qu'il parle vraiment d'aspects de sa personnalité qu'il n'aime pas et qu'il projette sur vous. Ils ne vous attaquent pas du tout, ils s'attaquent vraiment à eux-mêmes.

N'abandonnez pas.

Certaines personnes réagiront mal à ce que vous fixiez des limites et refusiez d'être manipulées. Leur comportement s'aggravera et elles deviendront encore plus exigeantes. Dans ces circonstances, il est tentant de se rendre et de leur donner ce qu'ils veulent. Ne faites pas cela ! Soyez ferme dans votre refus d'accepter leur comportement. C'est bon pour vous, car ils modifieront leur comportement à votre égard ou vous abandonneront tout simplement, mais cela peut aussi être bon pour eux. En les forçant à reconnaître les défauts de leur personnalité, ils peuvent en venir à comprendre pourquoi leur comportement est inacceptable et essayer de changer.

Faites-vous de nouveaux amis.

Se débarrasser de ses amis, même de ceux dont le comportement vous fait du tort, peut vous faire sentir isolé et seul. Ne vous inquiétez pas, vous vous ferez de nouveaux amis. Comment faire ? C'est simple : devenez le genre de personne que vous souhaitez pour un ami. Ensuite, tu attireras de nouveaux amis qui te soutiendront et t'aideront à grandir. Pour rencontrer ces personnes, vous pouvez essayer d'aller dans de nouveaux endroits ou de commencer un nouveau passe-temps qui vous mettra en contact avec différentes personnes. Rejoignez un groupe de lecture ou un cours de yoga ou tout autre chose qui vous intéresse. Vous rencontrerez alors des personnes qui partagent cet intérêt et c'est un bon point pour commencer une nouvelle amitié.

Nous avons tous besoin de la sécurité et du soutien qui découlent de bonnes relations. Mais les mauvaises relations nous entraînent vers le bas et nous donnent un sentiment encore pire de nous-mêmes. Le désencombrement de nos relations est difficile, mais il est aussi important que tout autre aspect du désencombrement si nous apprenons à vivre une vie épanouie et satisfaisante. Vous méritez d'avoir de bons amis. Il y a des gens bien qui seraient heureux d'être vos amis. Vous pouvez être un ami qui vous soutient et qui a de la compassion. Alors, examinez attentivement vos relations existantes, décidez lesquelles ne vous aident pas et débarrassez-vous d'elles. Tu seras alors libre de commencer de nouvelles relations qui te soutiennent vraiment.

Chapitre 13 : C'est le bon moment pour commencer à désencombrer votre vie

Maintenant que vous avez compris tous les avantages potentiels du désencombrement, vous êtes impatient de vous lancer. Peut-être la semaine prochaine serait-elle le bon moment ? Ou peut-être le mois prochain serait-il mieux, quand vous aurez plus de temps. Mais le mois suivant semble encore plus prometteur...

Arrêtez !

La procrastination est une chose dont nous rions souvent, mais la vérité est que c'est une influence destructrice qui peut vous empêcher de réaliser la vie que vous voulez. Repensez-y. Combien de fois avez-vous décidé de faire quelque chose et de le remettre à plus tard ? Et de le remettre à plus tard jusqu'à ce que vous en oubliiez finalement l'idée. La procrastination vous volera votre temps et vous laissera dans l'incertitude quant à l'avenir de toutes ces années. Si vous comptez vous encombrer ou réaliser autre chose de positif, vous devez apprendre à reconnaître la procrastination et à y faire face.

Reconnaître la procrastination

Presque tous, à un moment donné, nous tergiversons. Ce qui est important, c'est d'apprendre à reconnaître les signes. En général, il y a une tâche à accomplir, mais vous continuez à trouver d'autres choses qui doivent être faites en premier. La tâche en question peut être importante et le délai pour l'accomplir peut être court, mais nous trouvons toujours des excuses pour ne pas l'accomplir.

Souvent, ce qui nous retient, c'est la peur, souvent inconsciente et surtout la peur de l'inconnu. Les choses que nous remettons à plus tard sont souvent des choses dont nous ne sommes pas sûrs inconsciemment de la manière de faire ou dont nous avons peur de ne pas pouvoir les mener à bien efficacement. Cela peut s'appliquer à n'importe quoi, qu'il s'agisse de remplir une déclaration d'impôt ou de commencer un nouveau régime d'exercice. Nous trouvons des stratégies pour éviter l'activité qui nous rend nerveux, en nous disant que nous y reviendrons plus tard. Souvent, nous ne le faisons jamais et la tâche est finalement complètement abandonnée.

Si vous voulez vraiment changer votre vie, vous devez apprendre à reconnaître et à gérer la procrastination. Cependant, il est également important de reconnaître ce que la procrastination n'est pas. Nous avons évoqué dans le dernier chapitre la nécessité de hiérarchiser les tâches et les objectifs. Remettre à plus tard une tâche moins importante pour en accomplir une plus importante en premier n'est pas de la procrastination, c'est faire bon usage de votre temps.

Pourquoi procrastinons-nous ?

Nous avons tendance à éviter de faire des choses qui nous rendent nerveux, et en particulier des choses que nous craignons d'échouer. Par exemple, vous achetez de nouveaux équipements sportifs et vous avez pleinement l'intention de commencer à courir ou à jouer au football ou au badminton, ou autre. Mais, d'une manière ou d'une autre, ces équipements finissent par se retrouver au fond du placard, inutilisés. Souvent, le fond du problème est que nous avons peur de ne pas être très bons dans ce nouveau sport, peut-être que nous allons avoir l'air idiot ou peut-être que tout cela semble être un effort trop important. Nous avons toujours l'intention de commencer mais, d'une manière ou d'une autre, quelque chose de plus important surgit toujours et nous ne semblons pas trouver le temps. Ce que nous faisons en réalité, c'est éviter ce que nous craignons d'être trop difficile ou que nous ne pouvons pas faire. Au lieu de cela, nous nous réfugions derrière nos craintes en faisant quelque chose qui nous est familier.

Nous avons tous peur de l'échec. C'est tout à fait compréhensible, mais laisser cette peur nous empêcher de faire quelque chose est en fait beaucoup plus dommageable. Pour surmonter la procrastination, nous devons faire face à ces craintes. Nous devons vraiment examiner ce qui nous empêche de faire quelque chose et, ce faisant, atténuer l'effet de ces craintes. Nous devons apprendre que l'échec n'est pas une catastrophe. Nous devons plutôt apprendre à le considérer comme une occasion d'apprendre. Si vous vous lancez dans un nouveau sport, par exemple, il y a de fortes chances que vous ne soyez pas très doué pour ce sport lorsque vous commencerez. Cependant, la seule façon de s'améliorer est d'essayer, d'accepter l'échec, d'apprendre et de passer à autre chose.

Il est utile d'avoir des objectifs clairs. Si vous savez que vous travaillez à un objectif à long terme, alors essayer de nouvelles choses a un sens dans ce contexte. L'échec à court terme n'est plus un problème de ce genre, mais plutôt un problème lié à l'objectif à long terme d'apprendre et de se développer.

Stratégies pour surmonter la procrastination

L'une des clés pour faire face à la procrastination est de s'organiser. Les personnes qui réussissent le mieux ont des objectifs clairs et travaillent pour les atteindre. Les échecs occasionnels sont acceptés comme une conséquence inévitable des progrès réalisés. On entend beaucoup parler des succès de ces personnes, mais beaucoup moins de leurs échecs. Mais sortir de sa zone de confort et essayer de nouvelles choses est la seule façon de vraiment réussir. Le véritable progrès ne consiste pas à éviter l'échec, mais à le surmonter dans le cadre d'une progression vers un objectif clair.

Les personnes désorganisées sont beaucoup moins capables de définir des priorités. Ils passent d'une tâche à l'autre de manière aléatoire, en restant généralement concentrés sur ce qu'ils connaissent déjà. Ces personnes peuvent même avoir inconsciemment peur du succès et surtout de l'effort et de la responsabilité supplémentaires que cela peut entraîner. Elles restent avec ce qu'elles connaissent et n'essaient jamais de se dépasser et, par conséquent, elles n'obtiennent que très peu de résultats.

Pour éviter la procrastination :

- Organisez-vous. C'est probablement le moyen le plus important d'éviter la procrastination. Ayez des plans clairs et voyez chaque chose que vous faites dans le contexte de ces plans.

- Faites un plan. Établissez un plan à long terme et un calendrier pour chaque jour avec les tâches que vous allez accomplir. Établissez des priorités et assurez-vous que les tâches les plus importantes sont réalisées.

- Fixez des objectifs SMART. Ayez des objectifs clairs, à la fois à long et à court terme. Assurez-vous qu'ils sont réalisables et fixez un délai pour chacun.

- Faites des listes de choses à faire. Noter ce que vous devez faire chaque jour et revoir cette liste à la fin de la journée est un bon moyen de s'assurer que vous restez sur la bonne voie.

- Se concentrer complètement sur une chose à la fois. Des études montrent clairement qu'essayer de faire beaucoup de choses à la fois signifie généralement que vous n'en faites aucune de manière efficace. Il est de loin préférable de se concentrer entièrement sur une chose avant de passer à la suivante. Utilisez votre liste de priorités pour décider où concentrer votre attention en premier lieu et divisez votre temps de la journée en blocs afin de créer un temps déterminé à consacrer à chaque tâche.

Vous pouvez également réfléchir aux conséquences de la procrastination. Si vous ne terminez pas une tâche particulière à temps, que se passera-t-il ? Y aura-t-il une pénalité ou cela signifiera-t-il que vous n'aurez pas progressé vers un objectif ? Penser à cela peut vous aider à avancer. Pensez également à avoir un partenaire responsable, c'est-à-dire quelqu'un qui comprend ce que vous faites et qui vous interrogera sur vos progrès. Les groupes d'entraide comme ceux qui s'occupent de l'abus d'alcool et de la perte de poids trouvent que cela fonctionne bien - y a-t-il quelqu'un que vous pouvez trouver pour être votre partenaire ?

Enfin, donnez-vous des récompenses pour l'accomplissement des tâches. Cela peut aller d'une pause pour prendre un café une fois que vous avez accompli un travail de faible niveau à l'achat d'un objet lorsque vous avez atteint un objectif plus important. Nous sommes tous très attachés aux récompenses, et créer des récompenses pour soi-même peut être une puissante motivation pour accomplir des choses.

Commencer maintenant

Le désencombrement sera probablement un pas vers l'inconnu, c'est donc peut-être quelque chose que vous aurez tendance à remettre à plus tard. Pour éviter cela, dressez dès maintenant une liste de vos projets, mais n'utilisez pas la planification comme substitut à l'action. Pouvez-vous commencer dès maintenant, en désencombrant une pièce unique, voire un espace dans une pièce ou votre placard ? Allez-vous commencer à faire votre lit dès que vous vous lèverez demain matin ?

L'un des aspects les plus difficiles de tout nouveau départ est de faire le premier pas. Une fois que vous l'avez fait, et que vous en voyez les avantages, cela vous aide à prendre de l'élan et vous motive à continuer. Alors, où allez-vous commencer à désencombrer votre vie ?

Conclusion

Comme vous le comprenez maintenant, le désencombrement ne consiste pas seulement à se débarrasser de toutes les saletés de votre placard. Bien sûr, il est important d'éliminer toutes les choses qui se sont accumulées dans votre vie et que vous n'utilisez plus, mais le désencombrement est autant un voyage intérieur qu'un changement de votre environnement immédiat.

De nombreuses études s'accordent à dire que dans le monde développé, nous sommes devenus très attachés aux choses, aux objets que nous percevons comme ayant une valeur dans notre vie. Cela est dû en grande partie à la publicité incessante et le désencombrement peut aider à vous rappeler que non, acheter une nouvelle paire de chaussures ne va pas faire de vous une personne plus intéressante et plus attirante et avoir le dernier téléphone ne vous fera pas respecter par vos amis. Les possessions ne sont importantes que lorsqu'elles servent un but précis, lorsqu'elles nous aident à faire quelque chose d'utile. Le désencombrement peut vous faire réfléchir à la fonction des choses que vous possédez plutôt qu'à leur valeur perçue.

Lorsque vous commencerez à examiner tous vos biens, vous vous demanderez pourquoi vous les possédez, quelle fonction ils remplissent dans votre vie. Ensuite, vous serez en mesure de reconnaître ceux qui sont vraiment utiles et ceux qui ne le sont pas. Vous pouvez même commencer à réfléchir aux choses que vous possédez principalement en termes de fonction. Par exemple, vous avez besoin d'un téléphone portable pour pouvoir consulter vos e-mails lorsque vous n'êtes pas au bureau. Mais, avez-vous vraiment besoin du dernier téléphone le plus cool quand celui que vous avez déjà le fait de manière parfaitement satisfaisante ?

Notre attachement aux choses est souvent lié à d'autres questions - nous collectionnons des biens parce que nous les considérons, souvent inconsciemment, comme des besoins affectifs satisfaits. Mais en réalité, ce n'est pas le cas. Une fois que nous le reconnaissons, il est beaucoup plus facile de perdre cet attachement et de se désencombrer. Ainsi, le désencombrement ne consiste pas seulement à se débarrasser des choses dont on ne se sert pas, mais aussi à réfléchir aux choses que l'on possède et à se demander si elles ont vraiment besoin d'être remplacées ou améliorées ? Ces choses peuvent vous faire économiser de l'argent et vous rendre moins dépendant de vos biens. Elles peuvent également contribuer à protéger l'environnement et à utiliser moins de ressources précieuses dans le monde.

C'est aussi pourquoi il est important de désengorger les processus mentaux par des approches comme la pleine conscience. Cela vous aide à retrouver le contact avec votre réalité et à voir clairement vos véritables objectifs de vie et vos valeurs. Les relations aussi peuvent devenir encombrées et inutiles, mais nous collectionnons les amis comme des biens, sans penser à ce qu'ils représentent vraiment pour nous et à la façon dont ils affectent notre bien-être.

Le désencombrement signifie prendre du recul et se regarder vraiment. Ce n'est pas toujours un processus confortable, mais c'est un premier pas important pour découvrir ce dont nous avons vraiment besoin dans notre vie et éliminer tout le reste. Ce n'est pas un processus ponctuel, c'est une nouvelle façon de vivre et de penser à sa vie. Le désencombrement peut vous aider à vivre une vie plus épanouie et à atteindre l'excellence dans tout ce que vous faites.

Êtes-vous prêt à faire le premier pas ?

VOTRE CADEAU GRATUIT

Nous aimerions vous offrir un cadeau pour vous remercier d'avoir acheté ce livre. Vous pouvez choisir parmi tous nos autres titres publiés.

Vous pouvez obtenir un accès immédiat à l'un de nos livres en cliquant sur le lien ci-dessous et en vous inscrivant à notre liste de diffusion :

https://campsite.bio/housepresspublishing

DEX